Key Biodiversity Areas

Áreas Clave para la Biodiversidad

Key Biodiversity Areas

Áreas Clave para la Biodiversidad

Penny F. Langhammer
Russell A. Mittermeier
Andrew J. Plumptre
Zoltan Waliczky
Wes Sechrest

Foreword
Cristina Mittermeier

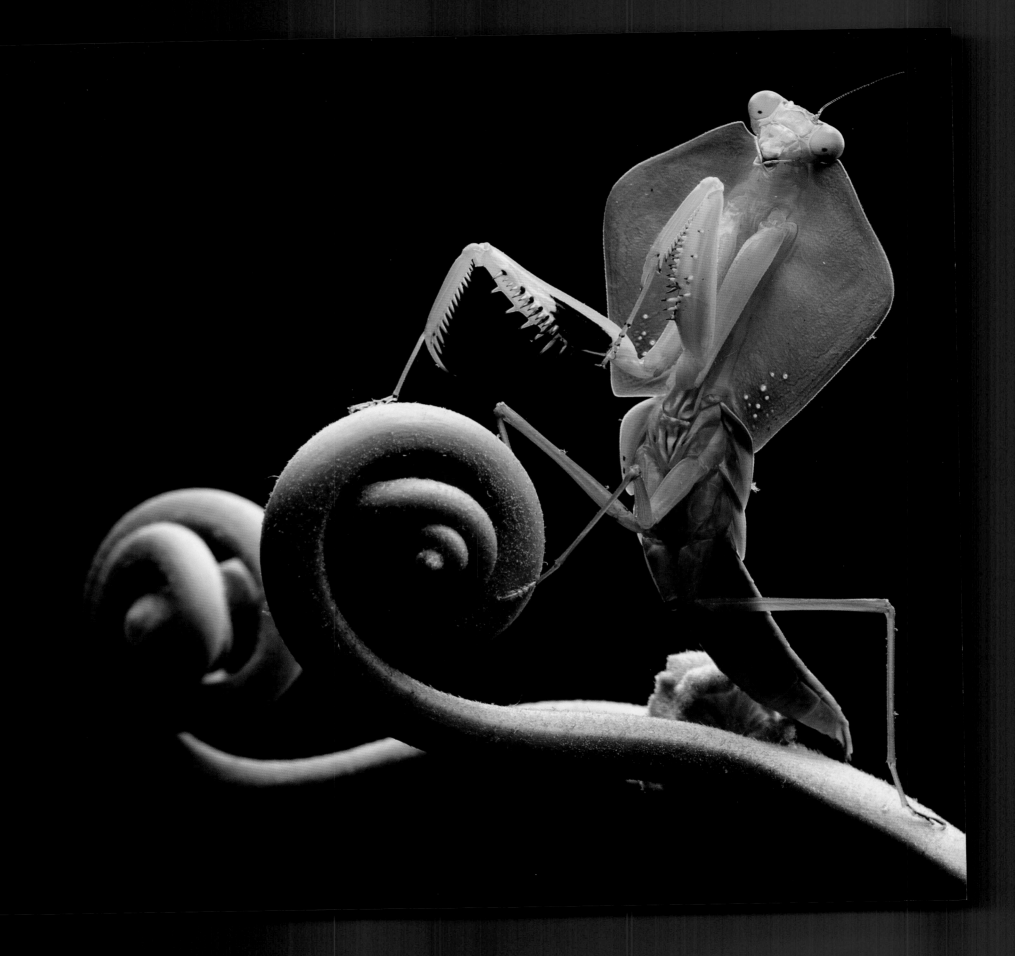

Contents ◆ Contenido

A message from Cemex ◆ Un mensaje de Cemex

By focusing on their importance in the overall fight to stop the global loss of biodiversity, *Key Biodiversity Areas* illustrates the critical role that these sites can play as a nature-based solution to the climate and extinction crises threatening human populations, species and natural ecosystems throughout the world.

Faced with this grave threat to nature and to ourselves, it is imperative that we re-examine our understanding of nature and the ways we interact with it. Thus, this book explores the more than 16,000 Key Biodiversity Areas (KBAs) around the world—from ponds or small breeding colonies to the over 900,000-square-kilometer marine Central Pacific World Heritage Site in the Republic of Kiribati—providing a roadmap to support the targeted and strategic expansion of the world's network of state, private, and community-owned and -managed areas for protecting biodiversity.

In this way, we underscore CEMEX's strong commitment to the conservation of KBAs where we operate. Since 2010, we have assessed the relationship of all of our quarries located in or close to high biodiversity value areas as validated by BirdLife International, a classification very close to the newest KBA definition. We have designed our Global Biodiversity Strategy, following the mitigation hierarchy approach, with the public commitment to develop Biodiversity Action Plans (BAPs) for all of our active quarries overlapping key sites. Today, this tool is completely embedded at the top level of our company. Approximately 15% of our total quarries are near or adjacent to high biodiversity value areas, and by the end of 2019, 93% of our targeted quarries already have a BAP in place, reaching 100% by the end of 2020. Additionally, we always have an updated assessment of any of our other quarries that will require a dedicated biodiversity conservation effort.

Enfocado en la importancia de la lucha contra la pérdida global de la diversidad biológica, el libro *Áreas Clave para la Biodiversidad* ilustra la forma en que estos sitios pueden convertirse en soluciones basadas en la naturaleza para enfrentar el cambio climático y la pérdida de biodiversidad que amenaza a los pueblos, especies y ecosistemas naturales de todo el mundo.

Ante el grave riesgo que enfrentamos, resulta imperativo volver a examinar la forma en que entendemos e interactuamos con la naturaleza. Desde pequeños estanques o colonias, hasta un sitio marino de más de 900 mil km² en la República de Kiribati, considerado como Patrimonio Mundial del Pacífico, este libro explora las más de 16 mil Áreas Clave para la Biodiversidad (KBA), proporcionando una guía para apoyar la expansión estratégica de la red mundial de áreas para la protección de la biodiversidad que son gestionadas por entidades públicas, privadas y comunitarias.

De esta manera, hacemos énfasis en el gran compromiso que tiene CEMEX con la conservación de las KBA en los lugares donde operamos. Desde el 2010, evaluamos la relación de todas nuestras canteras ubicadas dentro o cerca de áreas con alto valor de biodiversidad siguiendo los criterios de BirdLife International, los cuales están alineados muy de cerca con la definición de una KBA. Hemos diseñado una Estrategia Global de Biodiversidad siguiendo el enfoque de jerarquía de mitigación, con el compromiso público de desarrollar Planes de Acción para Preservar la Biodiversidad (PAB) en todas nuestras canteras que pudieran coincidir con sitios clave. Hoy en día, esta herramienta forma parte integral de nuestra cultura gerencial. Aproximadamente el 15% de nuestras canteras se localizan cerca o adyacentes a áreas con alto valor de biodiversidad. A finales del 2019, el 93% de las canteras que estaban

Through *Key Biodiversity Areas*, the 28th edition of our Nature and Conservation Book Series, leading global experts explore different applications or implications of these sites in the fight to stop the global loss of biodiversity, with stunning photographs that tell the stories of the sites themselves and the species and ecosystems for which they are important.

Since 1993, we have published a new book every year, blending outstanding photography and informative text to encourage responsible use of resources, promote a proactive attitude to biodiversity conservation and restoration, and ultimately, create a global culture of environmental protection.

This year, we are proud to publish this book together with the Key Biodiversity Areas Partnership. By partnering with other organizations to protect and restore endangered areas, we take significant action to reduce the degradation of natural habitats, halt the loss of biodiversity, and protect and prevent the extinction of threatened species.

Join our employees and community partners in our effort to avert climate change, raise biodiversity awareness, and foster a culture of environmental protection.

CEMEX

incluidas en nuestros objetivos ya contaban con un PAB, alcanzando el 100% para finales del 2020. Además, continuamente actualizamos la evaluación del resto de las canteras para determinar si pudieran requerir esfuerzos dedicados a la conservación de la biodiversidad.

A través del libro *Áreas Clave para la Biodiversidad*, la edición número 28 de nuestra serie de libros sobre Naturaleza y Conservación, los principales expertos a nivel mundial exploran las distintas aplicaciones o implicaciones que tienen estos sitios en la lucha para detener la pérdida global de la biodiversidad, a través de impactantes fotografías que cuentan las historias de estos sitios, incluyendo las especies y ecosistemas que los hacen importantes.

Desde 1993, cada año hemos publicado un nuevo libro donde se combinan fotografías extraordinarias con textos informativos, fomentando el uso responsable de los recursos y promoviendo una actitud proactiva hacia la conservación y restauración de la biodiversidad, con el fin de crear una cultura global de protección al medio ambiente.

Este año estamos orgullosos de publicar este libro junto con la Alianza sobre las Áreas Clave para la Biodiversidad. Al trabajar en conjunto con el mismo propósito de proteger y restaurar las áreas amenazadas, tomamos medidas importantes para reducir la degradación de los hábitats naturales, detener la pérdida de la biodiversidad, y proteger y prevenir la extinción de las especies que están en peligro.

Lo invitamos a participar con nuestros empleados y socios comunitarios en este esfuerzo que llevamos a cabo para evitar el cambio climático, crear conciencia sobre la biodiversidad, y promover una cultura de protección ambiental.

CEMEX

Foreword ◆ Prólogo

Cristina Mittermeier

Life on Earth exists as a diverse array of plants, animals, fungi and microorganisms. The variety of forms and function, from genes up to ecosystems, is collectively known as biodiversity, and is essential for a healthy planet where all life –including our own– can thrive. However, we are losing biodiversity at an alarming rate across our planet. In response to this crisis, in 2016 the global conservation community agreed upon a method for identifying the most important sites on our planet for the persistence of biodiversity, called Key Biodiversity Areas (KBAs). A group of 13 of the world's foremost conservation organizations has now formed one of the most ambitious conservation alliances ever established, the Key Biodiversity Area Partnership.

This effort, which involves on-the-ground partners across most of the world's countries, is now helping the conservation community ensure that irreplaceable sites for biodiversity are efficiently and effectively conserved. The World Database of KBAs brings together information on key sites for biodiversity, and together with the world's catalogue for species at risk of extinction (the IUCN Red List of Threatened Species), helps define where the world should invest in conservation to have maximum impact, and monitor how well we are doing at achieving global goals for biodiversity. KBAs are among the most incredible and diverse places on Earth for nature, from rainforests such as the Sierra Nevada de Santa Marta in Colombia, to tropical islands such as Aldabra Atoll in the Seychelles, to coral reefs such as Tubbataha Reef in the Philippines, and deserts such as the Simpson Desert in Australia, and are sites of global importance to the planet's overall health. To date, more than 16,000 KBAs worldwide, conserving many thousands of species and ecosystems, have been identified. I have been lucky enough to visit many of these sites and meet the people and organizations working to protect them, and am deeply inspired by the breathtaking beauty of the places and the passion of the people who are ensuring that they continue to thrive.

La vida en la Tierra existe a través de una gran diversidad de plantas, animales, hongos y microorganismos. Esta variedad de formas y funciones, desde genes hasta ecosistemas, es conocida de manera colectiva como biodiversidad, y es esencial para que pueda prosperar la vida en un planeta saludable, incluso la nuestra. Sin embargo, estamos perdiendo esta biodiversidad a un ritmo alarmante en todo nuestro planeta. Como respuesta a esta crisis, en el 2016, la comunidad global conservacionista llegó a un acuerdo sobre el método para identificar los sitios más importantes para la conservación de la biodiversidad en nuestro planeta, llamados Áreas Clave para la Biodiversidad (KBA, por sus siglas en inglés). Las 13 principales organizaciones conservacionistas han formado una de las alianzas para la conservación más ambiciosas de toda la historia: la Alianza sobre las Áreas Clave para la Biodiversidad.

Involucrando a socios expertos en la materia provenientes de casi todos los países del mundo, este esfuerzo está ayudando a la comunidad conservacionista a garantizar que los sitios irremplazables para la biodiversidad sean conservados de manera efectiva y eficiente. La Base de Datos Mundial de KBA reúne información sobre los sitios clave para la biodiversidad, y junto con el catálogo mundial de especies en peligro de extinción (la Lista Roja de Especies Amenazadas de la UICN), ayuda a definir en cuáles lugares se debe invertir en la conservación para lograr el máximo impacto, monitoreando el avance hacia el logro de las metas para la biodiversidad. Las KBA están entre los lugares más diversos e increíbles de la Tierra por su vida natural. Desde las selvas, como la Sierra Nevada de Santa Marta en Colombia; las islas tropicales, tales como la del Atolón de Aldabra, en las Seychelles; los arrecifes de coral, como el de Tubbataha en las Filipinas; y los desiertos como el de Simpson en Australia, todos estos son sitios de importancia global para la salud de nuestro planeta. Hasta la fecha, se han identificado más de 16,000 KBA que conservan miles de especies y ecosistemas. Yo he tenido la fortuna de visitar muchos de estos sitios, y conocer a las

We humans are alone in the history of all life on Earth in the impacts that we are having on other life, and we alone can reverse our damage to our only home. Safeguarding truly irreplaceable places is a critical part of reversing the current trend of catastrophic loss of biodiversity, to the benefit of all life. It is a proven solution borne out over 40 years of case studies, and KBAs offer a science-based blueprint for most effectively conserving and scaling up action for our planet's biodiversity. This is especially important as the global community turns to developing more ambitious targets for the next decade to protect the planet's wild places and the wildlife they contain.

Properly managed, KBAs can provide livelihoods and ecotourism income to local communities with little or no environmental impact. They also help secure vital ecosystem services – not only for the country in which they are found, but globally. KBAs help target actions to prevent extinctions, recover threatened species, and rewild degraded ecosystems. These are places on the frontlines for ensuring that we maintain the full range of life on Earth.

We are grateful to Cemex for their continued commitment to biodiversity conservation and for producing the amazing series of nature books of which this is just the most recent. This book, *Key Biodiversity Areas*, vividly lays out our ambitious global plans to protect and restore wild nature across our blue marble.

personas y organizaciones que trabajan para protegerlos, y me inspira profundamente la extraordinaria belleza de esos lugares y la pasión de las personas que trabajan para que sigan prosperando.

En la historia del planeta Tierra, los humanos hemos ejercido un impacto como ninguna otra especie sobre las otras formas de vida, y sólo nosotros podemos revertir el daño que hemos hecho al único hogar que tenemos. Salvaguardar los lugares que son verdaderamente irremplazables es una parte fundamental para revertir la actual pérdida catastrófica de biodiversidad, en beneficio de todas las formas de vida. Es una solución comprobada que es el resultado de 40 años de casos de estudio, donde las KBA ofrecen una directriz basada en la ciencia para escalar las acciones y conservar la biodiversidad del planeta de manera efectiva. Esto resulta especialmente importante a medida que la comunidad global se enfoca en desarrollar metas más importantes para la próxima década, con el propósito de proteger los lugares silvestres del planeta y la vida que contienen.

Gestionados de manera adecuada, los KBA también pueden generar ingresos provenientes del ecoturismo y proporcionar sustento a las comunidades locales con muy poco o ningún impacto ambiental. También ayudan a garantizar los servicios ecosistémicos vitales, no solo para los países donde se encuentran, sino para el mundo entero. Las KBA ayudan a dirigir las acciones para prevenir la extinción, recuperar las especies amenazadas, y repoblar los ecosistemas degradados. Estos son los lugares que están al frente de batalla para garantizar que se conserve toda la diversidad de vida en la Tierra.

Estamos agradecidos con CEMEX por su continuo compromiso con la conservación de la biodiversidad, y por producir esta increíble serie de libros sobre la naturaleza, de los cuales éste es el más reciente. El presente, libro *Áreas Clave para la Biodiversidad* describe gráficamente nuestros ambiciosos planes para proteger y restaurar la naturaleza silvestre a todo lo ancho de nuestra esfera azul.

Lake Oberon, Tasmania's Southwest National Park ♦ ▷
Lago Oberon, Parque Nacional del Suroeste de Tasmania
VERENA POPP-HACKNER

FOLLOWING PAGES ♦ PÁGINAS SIGUIENTES ▽
Phalcoboenus australis
Striated caracara | Steeple Jason, Falkland Islands ♦
Caracara austral | Steeple Jason, Islas Malvinas
PAUL NICKLEN / SEALEGACY

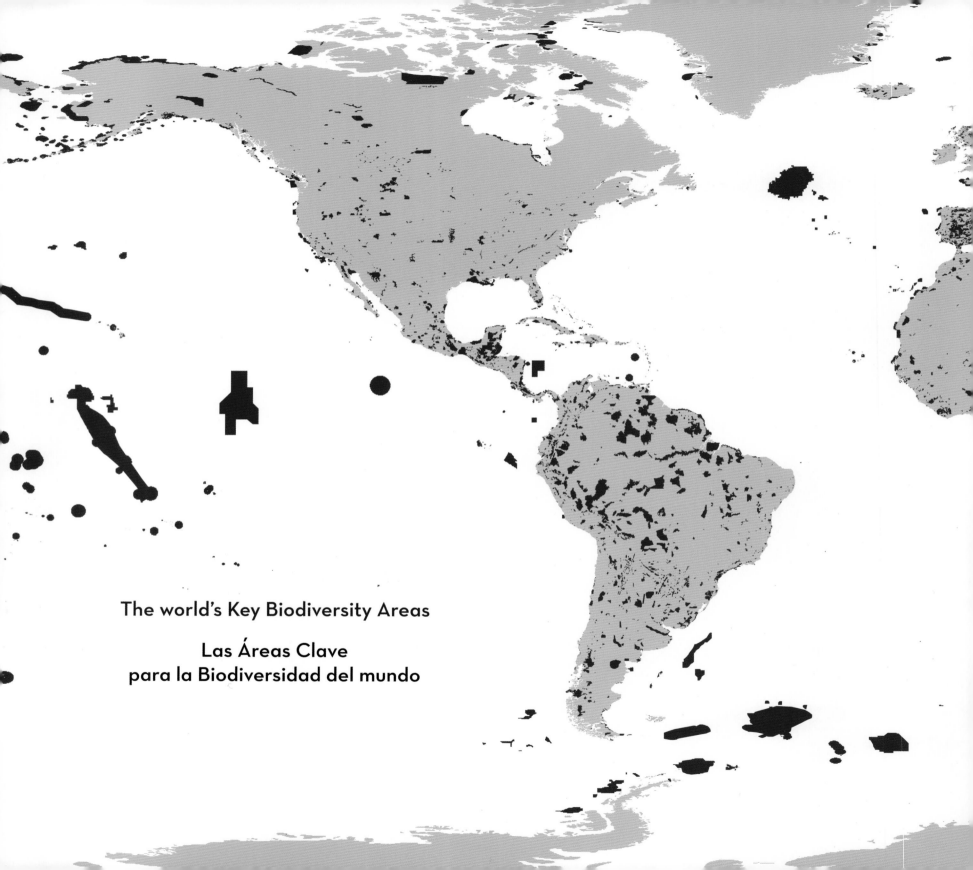

The world's Key Biodiversity Areas

Las Áreas Clave
para la Biodiversidad del mundo

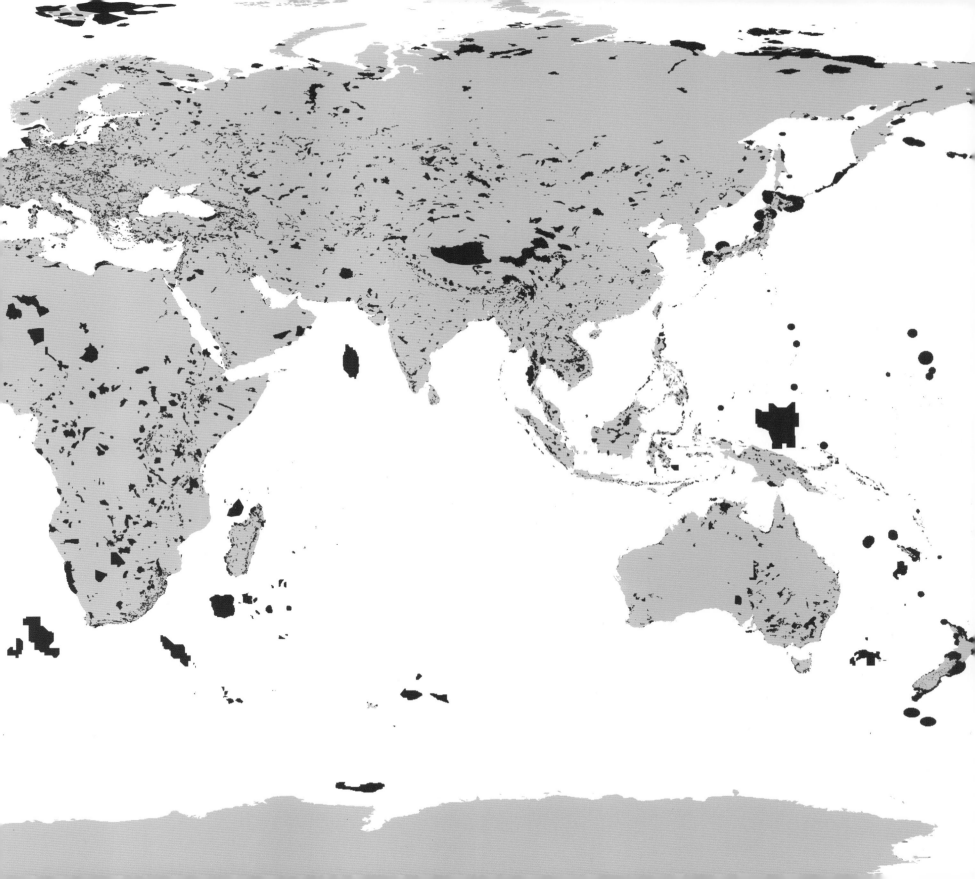

Introduction ◆ Introducción

*Penny F. Langhammer, Charlotte Boyd, Thomas M. Brooks, Stuart H.M. Butchart, Karl Didier, Wendy Elliot,
Healy Hamilton, Dieter Hoffmann, Olivier Langrand, Daniel Marnewick, Helen Meredith, Russell A. Mittermeier,
Andrew J. Plumptre, Justina Ray, Wes Sechrest, Jane Smart, Andrew Snyder, Simon N. Stuart, Amy Sweeting,
Amy Upgren, Sheila Vergara, Zoltan Waliczky, Alberto Yanosky, and Mark T. Zimsky*

Time is running out for our planet. The health of global biodiversity, upon which not only humans but all other species depend, is deteriorating at a rate unprecedented in human history. Humans are directly responsible for this accelerated rate of biodiversity loss. And we are not just harming nature; we are also hurting ourselves. While the biodiversity crisis is an emergency in itself, loss of wildlife, ecosystems, and genetic diversity also jeopardizes the vital services that humans receive from nature, including crop pollination, flood regulation, and pest and disease control. This presents a risk to our natural food, water, medicine, and energy supplies, as well as the cultural, spiritual, and recreational value of healthy, intact ecosystems.

Faced with this grave threat to nature and to ourselves, it is imperative that we re-examine our understanding of nature and the ways we interact with it. The biggest threats to biodiversity around the world are habitat destruction and over-exploitation, and safeguarding critical habitats is therefore at the heart of strategies for conservation. Stemming the accelerating loss of biodiversity will require a global commitment to slowing and stopping the degradation, destruction, and over-exploitation of habitats by conserving the most important places for biodiversity on Earth.

In 2010, the governments of the world agreed to conserve at least 17% of the "inland" parts of the Earth and 10% of the coastal and

◁ *Julodis clouei*
Jewel beetle | Socotra, Yemen ◆
Escarabajo barrenador metálico | Socotra, Yemen
FABIO PUPIN / FLPA / NATURE IN STOCK

El tiempo se acaba para nuestro planeta. La salud de la biodiversidad global de la que dependen no solo los humanos sino todas las especies se deteriora a un ritmo sin precedente en la historia de la Humanidad. Los seres humanos somos los responsables directos del acelerado ritmo de pérdida de la biodiversidad; y no únicamente estamos perjudicando a la naturaleza, sino que también nos estamos dañando a nosotros mismos. Si bien la crisis de la biodiversidad es una emergencia en sí misma, la pérdida de la vida silvestre, los ecosistemas y la diversidad genética también pone en riesgo los servicios vitales que los seres humanos recibimos de la naturaleza, como la polinización de cultivos, la regulación de inundaciones y el control de plagas y enfermedades. Esto representa un riesgo tanto para el suministro natural de alimentos, agua, medicinas y energía, como para los valores culturales, espirituales y recreativos que nos ofrecen los ecosistemas intactos y saludables.

Ante esta gran amenaza para el mundo natural y para nosotros mismos, es imperativo reexaminar la manera en que entendemos la naturaleza y la forma en que interactuamos con ella. La sobreexplotación y la destrucción de hábitats son las amenazas más grandes para la biodiversidad a nivel mundial, por lo que salvaguardar los ambientes que son cruciales para la diversidad biológica debe ser el componente central de las estrategias de conservación. Para frenar esta pérdida acelerada se requiere de un compromiso a nivel mundial enfocado en disminuir y detener la degradación, destrucción y sobreexplotación de los hábitats mediante la conservación de los sitios de mayor importancia para la biodiversidad en la Tierra.

En el 2010, los gobiernos del mundo acordaron conservar al menos el 17% de las zonas terrestres del planeta y el 10% de las áreas marinas y costeras, así como enfocarse en "áreas de especial importancia para la

Prioneris cornelia, Catopsilis scylla and *Cepora iudith* ▷
Bornean sawtooth, yellow emigrant and orange gull butterflies |
Temburong National Park, Brunei, Borneo ◆
Mariposas de Borneo diente de sierra, naranja migrante, y naranja gaviota |
Parque Nacional Temburong, Brunei, Borneo

NICK GARBUTT

FOLLOWING PAGES ◆ PÁGINAS SIGUIENTES ▽
Socorro Island,
Revillagigedo Archipelago Biosphere Reserve, Mexico ◆
Isla Socorro,
Reserva de la Biósfera del Archipiélago de Revillagigedo, México

CLAUDIO CONTRERAS KOOB

marine areas, and to focus on "areas of particular importance for bio-diversity" (Convention on Biological Diversity, 2010). However, at that time, there was no agreement on the location of these important places whose biodiversity value needs to be safeguarded against continuing development and exploitation of natural resources.

For decades, conservation organizations have been working to pinpoint important sites for biodiversity to guide decision-making. For example, BirdLife International began identifying Important Bird and Biodiversity Areas (IBAs) in 1979 and has now documented more than 13,000 IBAs in terrestrial, freshwater, and marine ecosystems in nearly every country and territory in the world (Donald et al., 2019; Waliczky, et al. 2019). The success of the IBA approach encouraged the development of similar approaches for other taxonomic groups, such as Important Plant Areas (Plantlife International, 2004), Prime Butterfly Areas (van Swaay and Warren, 2006), important sites for freshwater and marine biodiversity (Holland et al., 2012; Edgar et al., 2008), and Alliance for Zero Extinction (AZE) sites (Ricketts et al., 2005). While these approaches have been effective in guiding conservation, they mostly focus on a single group of species or ecological system and use a wide variety of assessment criteria and procedures (Dudley et al., 2014).

Recognizing the need for a global, standardized, and comprehensive approach to identifying important sites for biodiversity, the 2004 IUCN World Conservation Congress mandated a "worldwide consultative process" to develop a system that could be applied anywhere in the world to flag areas making globally significant contributions to the health and survival of species and ecosystems (WCC 2004 Res 3.013).

With this mandate, the IUCN Species Survival Commission (SSC) and World Commission on Protected Areas (WCPA) established a Joint Task Force on Biodiversity and Protected Areas. The task force gathered input from IUCN Members, Commissions, and staff; conservation organizations; academia; governments; donors; and the private sector through a series of expert workshops, regional consultations, and end-user interviews to develop a method for identifying Key Biodiversity Areas.

What are Key Biodiversity Areas?

Key Biodiversity Areas (KBAs) are defined as "sites contributing to the global persistence of biodiversity" (IUCN 2016). Safeguarding the value

biodiversidad" (Convenio sobre la Diversidad Biológica 2010). Sin embargo, no se llegó a un acuerdo sobre la ubicación de estas importantes áreas cuyo valor de biodiversidad debe protegerse contra el continuo desarrollo y la explotación de los recursos naturales.

Las organizaciones conservacionistas han trabajado durante décadas para ubicar los sitios importantes para la biodiversidad y así poder guiar la toma de decisiones. Por ejemplo, en 1979 Birdlife International comenzó a identificar las Áreas Importantes para la Conservación de las Aves (IBA, por sus siglas en inglés), habiendo documentado hasta ahora más de 13,000 en ecosistemas terrestres, marinos y de agua dulce en casi todos los países y territorios del mundo (Donald et al., 2019; Waliczky, et al., 2019). El éxito del enfoque IBA impulsó el desarrollo de métodos similares para otros grupos taxonómicos como las Áreas Importantes para las Plantas (Plantlife International, 2004); las Áreas Prioritarias para Mariposas (VanSwaay y Warren, 2006); los Sitios Importantes para la Biodiversidad Marina y de Aguas Interiores (Holland et al., 2012; Edgar et al., 2008); y los sitios de la Alianza sobre la Extinción Cero (AZE, por sus siglas en inglés) (Ricketts et al., 2005). A pesar de que estos enfoques han servido como una guía efectiva para la conservación, la mayoría de ellos se centra únicamente en especies de un mismo grupo o sistema ecológico, y utilizan una gran variedad de criterios y procedimientos de evaluación (Dudley et.al, 2014).

Reconociendo la necesidad de un método estandarizado global e integral para identificar los sitios importantes para la biodiversidad, durante el Congreso Mundial de la UICN para la Conservación en 2004 se estableció un "proceso de consulta universal" para desarrollar un sistema que se pudiera aplicar en cualquier parte del mundo, y que ayudara a identificar las áreas que contribuyen de manera significativa a la salud y supervivencia de las especies y los ecosistemas (WCC 2004 Res 3.013).

Con este objetivo, la Comisión de Supervivencia de Especies de la UICN (CSE) y la Comisión Mundial de Áreas Protegidas (CMAP) establecieron el Grupo de Trabajo Conjunto sobre Biodiversidad y Áreas

Argyroxiphium sandwicense ▷
Silversword | Haleakala Crater, Maui, Hawaii ◆
Espada plateada | Cráter Haleakala, Maui, Hawái
ART WOLFE

of KBAs helps to maximize the long-term chances of survival for species and ecosystems. Identifying and safeguarding KBAs is among the most vital and transformative approaches available to reverse the loss of biodiversity and alter our current "business as usual" trajectory toward mass extinction and ecosystem collapse.

The KBA approach builds on and brings together existing approaches to the identification of important sites into a single, common framework that considers biodiversity as a whole, rather than by subsets, to identify the most important sites for conserving nature (Eken et al., 2004, Langhammer et al., 2007, 2018). KBAs are home to some of the most awe-inspiring, astounding, and unique biodiversity on Earth—plants, animals, and fungi that enrich our planet and our lives.

Each KBA is a specific site with defined physical, ecological, and administrative boundaries, allowing it to be managed as a single unit. In this way, KBAs differ from landscapes or seascapes or broad-scale conservation priorities that are managed as a mosaic of land- or sea-use types, such as Endemic Bird Areas, Biodiversity Hotspots, Ecoregions, Last of the Wild, or Megadiversity Countries. The KBA approach identifies and documents important sites within these large areas, thus providing a more practical blueprint that can guide land/sea-use planning and development.

All KBAs have clearly delineated boundaries, but recognition of a site as a KBA is unrelated to its legal status or governance type. Identification as a KBA simply means that the area should be managed in ways that ensure the persistence of the biodiversity elements for which it is important, not that it should necessarily become a protected area. While many KBAs will be conserved as local, national, or regional protected areas, different management approaches, such as community-conserved areas, may be more appropriate in some sites. At a minimum, monitoring is necessary to ensure that the site retains the biodiversity value for which it is important (Smith et al., 2019). Conversely, many protected areas will not meet global criteria to be designated as

◁ *Cookenia sp.*
Cup fungi | Danum Valley, Sabah, Borneo ◆
Hongo de copa | Valle Danum, Sabah, Borneo
NICK GARBUTT

Protegidas. Este grupo recabó las aportaciones de los miembros, comisiones y personal de la UICN, junto con las de organizaciones conservacionistas, el mundo académico, gobiernos, donadores y el sector privado a través de una serie de talleres con expertos, consultas regionales y entrevistas con usuarios finales para desarrollar un método que facilitara la identificación de Áreas Clave para la Biodiversidad.

¿Qué son las Áreas Clave para la Biodiversidad (KBA)?

Las Áreas Clave para la Biodiversidad (KBA, como se conocen en inglés) se definen como "sitios que contribuyen a la persistencia global de la biodiversidad" (UICN 2016). Al salvaguardar el valor de las KBA, se maximiza la posibilidad de que las especies y ecosistemas sobrevivan a largo plazo. Entre los enfoques más importantes y transformadores para revertir la pérdida de la biodiversidad está el de la identificación y salvaguarda de las KBA. Este esquema ayuda a cambiar la "dinámica actual" que nos está llevando hacia la extinción masiva y al colapso de los ecosistemas.

La estrategia de las KBA reúne diferentes métodos de asociación de sitios importantes, formando un marco común único que considera la biodiversidad como un todo y no como subconjuntos, e identifica a los más importantes para la conservación de la naturaleza (Eken et al., 2004, Langhammer et al., 2007, 2018). Las KBA albergan algunos de los tipos de biodiversidad más impresionantes, únicos y sorprendentes de la Tierra, incluyendo plantas, animales y hongos que enriquecen nuestro planeta y nuestras vidas.

Cada KBA es un sitio específico con límites físicos, ecológicos y administrativos bien definidos que permiten que sea manejada como una unidad. Las KBA difieren pues de los paisajes marinos y terrestres, o de las áreas prioritarias de conservación a gran escala que son manejados como mosaicos de distintos tipos de uso del suelo o mar, como es el caso de las Áreas de Aves Endémicas, Semilleros de Biodiversidad, Ecorregiones, Últimas Áreas Silvestres o Países Megadiversos. El enfoque KBA identifica y documenta sitios importantes dentro de estas extensas zonas, proporcionando así un esquema práctico que puede dirigir la planeación y el desarrollo del uso del suelo y el mar.

Todas las KBA tienen límites claramente definidos, pero el hecho de que un sitio sea reconocido como KBA no tiene relación con su situación jurídica ni su tipo de gobernanza. Que un área sea designada

Bradypus variegatus ▷
Brown-throated sloth | Yasuni National Park, Orellana Province, Ecuador ◆
Perezoso bayo | Parque Nacional Yasuní, Provincia de Orellana, Ecuador
LUCAS BUSTAMANTE

KBAs but may still have nationally important biodiversity. Protected areas are established to safeguard nature for many different reasons, and some are established for purposes complementary to biodiversity, such as scenic beauty, geology, landscapes, or ecosystem services.

The KBA Standard and Criteria

The procedures for KBA identification and delineation are outlined in *A Global Standard for the Identification of Key Biodiversity Areas* (the "KBA Standard"). The KBA Standard includes definitions, criteria and thresholds, and delineation procedures for identifying and documenting KBAs (IUCN 2016), and is accompanied by extensive Guidelines (KBA Standards and Appeals Committee 2019).

By providing a consistent framework, the KBA Standard ensures that KBA identification is objective, transparent, and scientifically rigorous, increasing the legitimacy of KBAs as a basis for conservation policy decisions. Once identified, KBAs can help inform and justify policy, investment, development, and conservation decisions aimed at safeguarding critical biodiversity.

The criteria in the KBA Standard collectively aim to capture the various ways in which a site can be important for the global persistence of biodiversity—for example, because it holds threatened or geographically restricted biodiversity, has high ecological integrity, maintains biological processes, and/or is shown to be irreplaceable through quantitative analysis. The criteria can be applied to all macroscopic species and ecosystems in terrestrial, inland water, and marine environments. Each criterion has quantitative thresholds to ensure that KBA identification is both objective and transparent.

KBAs identified for **threatened biodiversity**, including *threatened species* and *threatened ecosystem types*, hold a relatively large population of a species facing a high risk of extinction, or a relatively large area of an ecosystem facing a high risk of collapse. Specifically, these are species and ecosystems listed as Critically Endangered (CR),

◁ *Acrocephalus familiaris*
Nihoa millerbird | Nihoa island, Hawaii ◆
Carricero familiar | Isla Nihoa, Hawái
ERIC VANDERWERF

como KBA no necesariamente quiere decir que se debe convertir en área protegida, simplemente significa que se debe manejar de modo que se asegure la persistencia de los elementos de biodiversidad que la hacen importante. Mientras que muchas KBA se manejan como áreas protegidas locales, nacionales o regionales, para algunos sitios podría ser más adecuado utilizar otros métodos de gestión, como serían las áreas de conservación comunitarias. Como mínimo, estás zonas deben ser monitoreadas para asegurar que se conserve el valor de la biodiversidad que las hace importantes (Smith et al., 2019). Por el contrario, muchas otras áreas protegidas que no cumplen con los criterios universales para ser designadas como KBA seguirán siendo importantes para la biodiversidad nacional. Las áreas protegidas se establecen con el fin de salvaguardar la naturaleza por varias razones, y otras se crean con fines complementarios a la biodiversidad, tales como su belleza escénica, su geología, sus paisajes, o por los servicios ecosistémicos que proveen.

Los estándares y criterios KBA

Los procedimientos para la identificación y delimitación de una KBA están descritos en el *Estándar Global para la Identificación de Áreas Clave para la Biodiversidad* (el Estándar KBA), e incluye los conceptos, criterios y umbrales, así como las directrices de delimitación y documentación de las KBA (UICN 2016), acompañados de una serie de lineamientos muy detallados (Comité de Normas y Apelaciones KBA 2019).

Al proporcionar un marco consistente, el Estándar KBA garantiza que la identificación de las Áreas Claves para la Biodiversidad sea objetiva, transparente y rigurosamente científica, para así fortalecer su legitimidad como base de las decisiones políticas relacionadas con la conservación. Una vez identificadas, las KBA pueden contribuir a informar y justificar la toma de decisiones políticas, de inversión, desarrollo y de conservación que estén dirigidas a salvaguardar la biodiversidad de importancia crucial.

El propósito común de los criterios del Estándar KBA es tomar en cuenta las diferentes razones por las que un sitio puede ser importante para la persistencia global de la biodiversidad. Por ejemplo, porque alberga biodiversidad amenazada o geográficamente restringida; porque tiene una alta integridad ecológica; preserva procesos biológicos, o porque se demuestra a través de análisis cuantitativo que es una

Endangered (EN), or Vulnerable (VU) on the IUCN Red List of Threatened Species or the IUCN Red List of Ecosystems. These sites contribute significantly to global species and/or ecosystem persistence, and, if they were to disappear, the risk of species extinction or ecosystem collapse would greatly increase. An example is Kauai Forests and Uplands in the United States (Hawaii), a KBA that is important for at least nine globally threatened species, including five that occur nowhere else.

Sites meeting the criteria for **geographically restricted biodiversity**, including *individually geographically restricted species, co-occurring geographically restricted species, geographically restricted assemblages,* and *geographically restricted ecosystem types,* make a significant contribution to the persistence of biodiversity because there are relatively few other sites where these conditions exist, and thus there are limited options for safeguarding them. The species or ecosystems triggering these criteria do not need to be globally threatened; nevertheless, the loss of any one of these sites can have a significant, potentially irreversible, impact on the survival of these species or ecosystems. Gola Forests in Sierra Leone is an example of a site qualifying as a KBA for both geographically restricted species and assemblages, primarily birds.

Ecological integrity is a new criterion for the KBA framework, having no predecessor in the previous iterations of the KBA criteria. Sites qualifying for their *ecological integrity* represent exceptional examples of the few places left on Earth that have intact ecosystems essentially undisturbed by industrial human activity. They are free from substantial fragmentation and still contain their full complement of native species in natural abundance and fulfilling their functional roles in the ecosystem. Sites with outstanding ecological integrity are becoming increasingly rare around the world; they serve as critical benchmarks and are a central component of proactive conservation efforts. Identification of sites likely to meet this criterion is underway, for example, in Canada and the Guiana Shield, where a number of areas still support top predators, species that are especially sensitive to human disturbance, and fully functioning ecosystems.

Sites meeting the KBA criteria for **biological processes**, including *demographic aggregations, ecological refugia,* and *recruitment sources,* support important life-history processes, such as breeding, spawning, migration, and hibernation. Species that aggregate are vulnerable to exploitation and other threats. Ecological refugia contribute to

zona irreemplazable. Estos criterios se pueden aplicar a todas las especies macroscópicas y a ecosistemas terrestres y de aguas interiores o marinas. Cada criterio cuenta con umbrales cuantitativos para asegurar que la identificación de las KBA sea objetiva y transparente.

Las KBA que han sido identificadas por su biodiversidad amenazada, incluyendo a las *especies y tipos de ecosistemas amenazados,* albergan una población relativamente grande de especies que se enfrentan a un riesgo elevado de extinción, o un área considerablemente grande de un ecosistema que tiene una alta probabilidad de colapsar. Específicamente, se trata de especies y ecosistemas que se encuentran en la Lista Roja de Especies Amenazadas de la UICN, o en la Lista Roja de Ecosistemas de la UICN, catalogadas como *en peligro crítico* (CR), *amenazadas* (EN) y *vulnerables* (VU). Estos sitios contribuyen de manera significativa a la persistencia de las especies y ecosistemas a nivel mundial que, al desaparecer, aumentaría considerablemente el riesgo de extinción de las especies o de colapso de los ecosistemas. Un ejemplo de esto son los bosques y las tierras altas de Kauai en Hawái, Estados Unidos, una KBA que es importante por albergar al menos nueve especies amenazadas a nivel mundial, incluyendo a cinco que únicamente se pueden encontrar ahí.

Las áreas que cumplen con los criterios de **biodiversidad geográficamente restringida**, entre las que se encuentran *las especies individuales geográficamente restringidas, especies coexistentes geográficamente restringidas, comunidades geográficamente restringidas* y *los tipos de ecosistemas geográficamente restringidos,* contribuyen de manera importante a la persistencia de la biodiversidad, ya que son relativamente pocos los sitios en donde estas condiciones existen y por ello, las opciones para salvaguardarlos son limitadas. Las especies o ecosistemas que activan estos criterios no tienen que estar amenazadas a nivel mundial, sin embargo, la pérdida de cualquiera de estos sitios puede tener un impacto importante y potencialmente irreversible para la supervivencia de estas especies o ecosistemas. El Bosque Gola,

Picathartes gymnocephalus ▷
White-necked Picathartes | Ghana ◆
Picatartes cuelliblanco | Ghana
DUBI SHAPIRO

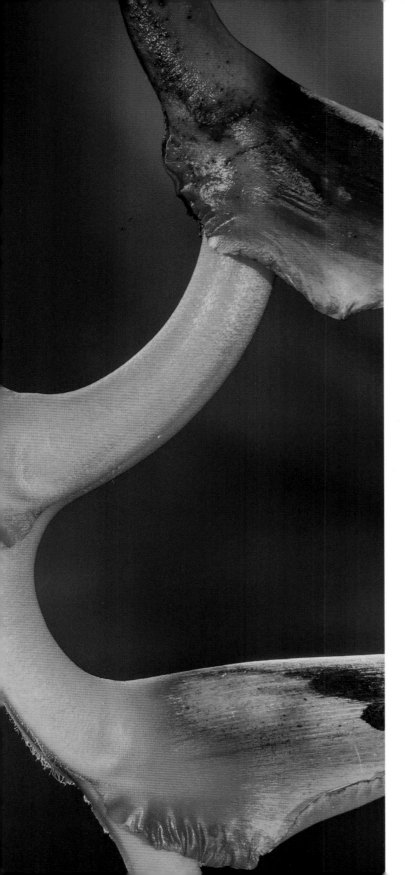

en Sierra Leona, es ejemplo de un sitio que califica como KBA principalmente enfocado en aves, tanto para especies geográficamente restringidas como para asociaciones de especies.

La **integridad ecológica** es un criterio nuevo en el esquema de las KBA, pues no había sido parte de las versiones anteriores. Los sitios que califican por su *integridad ecológica* son ejemplos excepcionales de los pocos lugares en la Tierra que todavía presentan ecosistemas intactos que prácticamente no han sido alterados por la actividad industrial. Éstos tampoco han sido fragmentados de manera importante, y todavía conservan el conjunto completo de sus especies endémicas en abundancia natural cumpliendo sus funciones dentro del ecosistema. Los sitios con una integridad ecológica excepcional son cada vez más escasos en el mundo, y son componentes centrales y referentes básicos para los esfuerzos de conservación. Ya se ha puesto en marcha la identificación de sitios que podrían cumplir con estos criterios. Por ejemplo, en Canadá y el Escudo Guayanés, existen áreas que todavía albergan grandes depredadores, que son especies especialmente sensibles a la interferencia humana, además de ecosistemas plenamente funcionales.

En los sitios que cumplen con los criterios KBA para **procesos biológicos** se incluyen *las congregaciones demográficas*, *los refugios ecológicos* y *las fuentes de reclutamiento*, donde se llevan a cabo procesos importantes del ciclo vital, como la reproducción, el desove, migración o hibernación. Las especies que se congregan son vulnerables a la explotación y a otras amenazas. Los refugios ecológicos contribuyen a la persistencia de la biodiversidad al proporcionar recursos vitales durante periodos de estrés medioambiental, como sequías o eventos de calentamiento de las aguas oceánicas, a menudo por temporadas muy largas. Las áreas de reclutamiento son sitios de nacimiento o crianza de una cantidad importante de una especie a nivel mundial, contribuyendo así a la persistencia global de esa especie. El Golfo de Exmouth, en Australia, es un ejemplo de esto pues cumple con los criterios KBA sobre congregaciones demográficas, y es un sitio de importancia mundial como área de descanso en la ruta de migración de la ballena jorobada.

Por último, un sitio puede ser designado como KBA si se demuestra, a través de un análisis cuantitativo de complementariedad, que es altamente **irremplazable**. Este criterio utiliza técnicas propias de la planificación sistemática para la conservación (Smith et al., 2018) para

△ **PREVIOUS PAGES** ◆ PÁGINAS ANTERIORES
Ocreatus underwoodii
Booted Racket-Tail | Mindo, Pichincha, Ecuador ◆
Colibrí de raquetas | Mindo, Pichincha, Ecuador
LUCAS BUSTAMANTE

◁ *Ursus maritimus*
Polar bears | Wapusk National Park, Manitoba, Canada ◆
Osos polares | Parque Nacional Wapusk, Manitoba, Canadá
ANDRÉ GILDEN / NATURE IN STOCK

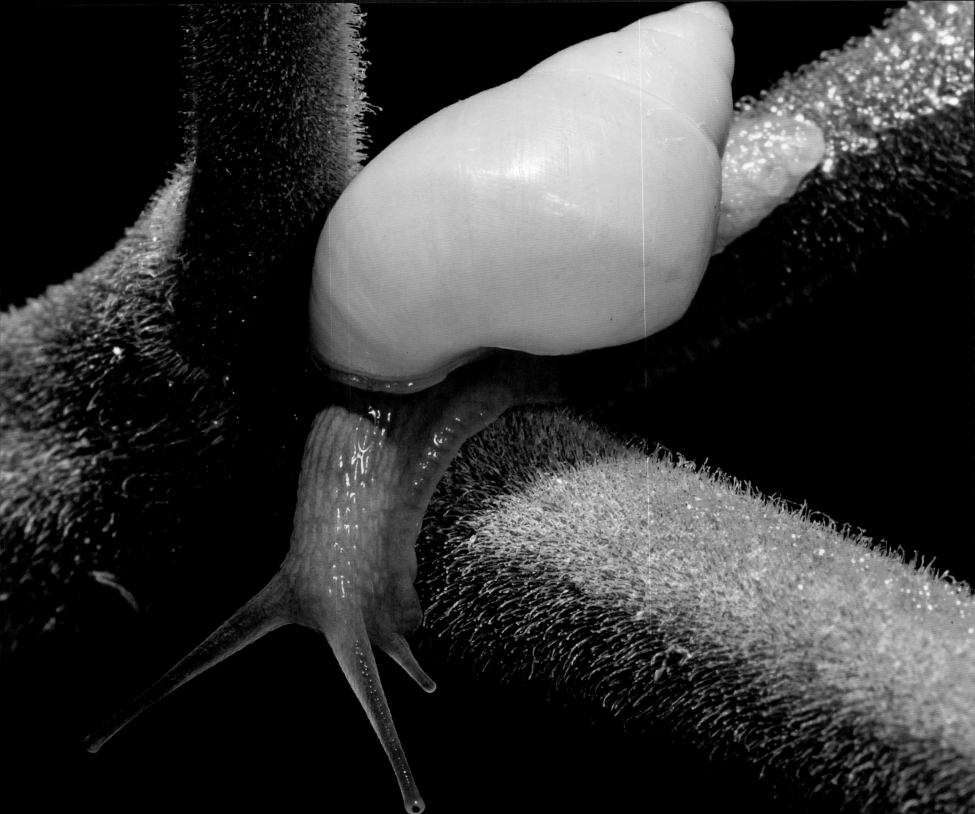

persistence by providing essential resources during times of environmental stress, such as drought or warm-water events, often for many years. Recruitment sources are sites where a globally significant proportion of the offspring of a species is produced or nurtured, contributing to the ongoing persistence of the species there and elsewhere. Exmouth Gulf in Western Australia is an example of a site that will meet the KBA criteria for demographic aggregations, because it serves as a globally important resting ground for migrating Humpback Whales.

Finally, a site can qualify as a KBA if it is shown to have high **irreplaceability** through quantitative analysis of complementarity. This criterion uses techniques derived from systematic conservation planning (Smith et al., 2018) to calculate a measure of irreplaceability: the extent to which the site is needed to achieve a set of targets for biodiversity. This criterion is likely to identify sites that are exceptional because of their combination of biodiversity elements, helping to ensure that highly irreplaceable sites that do not meet the thresholds in the other criteria are identified and conserved.

IDENTIFYING AND DELINEATING KBAS

The KBA Standard provides a clear and accessible system for identifying KBAs, so that any individual or organization can propose a site as a KBA using their own data or that of other experts or groups. KBA identification is a bottom-up process that ensures that sites are identified and mapped, and then monitored and conserved. Consultation of stakeholders at the local and national levels is important at various stages of the identification and delineation process. Involvement of

△ PREVIOUS PAGES ◆ PÁGINAS ANTERIORES
Megaptera novaeangliae
Humpback whale | Sri Lanka ◆
Ballena jorobada | Sri Lanka
TONY WU / NATUREPL.COM

◁ *Drymaeus sallei*
Bulimulid snail | Pic Macaya National Park, Massif de la Hotte, Haiti ◆
Caracol de tierra bulimulus | Parque Nacional Pic Mayaca,
Macizo de la Hotte, Haití
CLAUDIO CONTRERAS KOOB

calcular el grado de irreemplazabilidad de un área. Es decir, el grado en que un sitio es necesario para alcanzar una serie de objetivos de biodiversidad. Es probable que este criterio pueda identificar zonas que son excepcionales debido a la combinación de elementos de biodiversidad que presenta, contribuyendo a garantizar la identificación y conservación de sitios altamente irreemplazables que no alcanzan los umbrales de los otros criterios.

IDENTIFICANDO Y DELIMITANDO LAS KBA

El Estándar KBA ofrece un sistema claro y accesible para identificar Áreas Clave para la Biodiversidad, que puede ser utilizado por cualquier persona u organización para proponer a un sitio como KBA, utilizando su propia información o la de otros expertos o grupos. La identificación de una KBA es un proceso ascendente que garantiza que los sitios sean delimitados y mapeados, para luego ser monitoreados y conservados. Es importante consultar con todas las partes interesadas, tanto locales como nacionales, durante las diferentes etapas del proceso de identificación y delimitación. También se recomienda firmemente involucrar a las comunidades originarias y a los titulares tradicionales de los derechos que habitan en la zona o cerca de ella, aun cuando la identificación y la delimitación del área no constituyan un plan de manejo. Las directrices sobre el manejo de las KBA subrayan la necesidad de que exista un consentimiento previo, libre e informado.

Cualquier sitio propuesto está sujeto a ser revisado por otros expertos independientes para asegurar que cumpla con los criterios KBA y los estándares de documentación. Una vez que esto se confirma, los Grupos Nacionales de Coordinación KBA u otros proponentes presentan una nominación oficial para el sitio ante el Secretariado KBA, con su documentación completa.

Una característica que distingue a las KBA es que sus límites están claramente definidos. El Estándar KBA ofrece una guía sobre cómo trazar límites que sean ecológicamente relevantes pero prácticos de manejar, garantizando la persistencia de la biodiversidad que le da importancia a estos sitios. Los límites se fijan mediante consulta con los interesados relevantes y pueden basarse en sitios importantes para la biodiversidad ya existentes; en los límites actuales de áreas protegidas u otras áreas de conservación; o, si estos sitios no existiesen, en las características ecológicas, topográficas, o en otros datos de manejo.

Phascolarctos cinereus ▷
Koala with joey | Kangaroo Island, South Australia ◆
Koala con cría | Isla Canguro, Australia del Sur
JUERGEN & CHRISTINE SOHNS / MP / NATURE IN STOCK

indigenous people and other customary rights-holders living in or near the site is strongly recommended, even though KBA identification and delineation do not constitute a plan for management. Guidelines on management of KBAs stress the need for Free, Prior, and Informed Consent.

Any proposed site is subject to an independent peer review to make sure it meets the KBA criteria and documentation standards. Once this is confirmed, an official site nomination, with full documentation, is submitted by KBA National Coordination Groups or other proposers to the KBA Secretariat.

A defining feature of KBAs is their clearly delineated boundaries. The KBA Standard offers guidance on how to delineate boundaries that are ecologically relevant, yet practical for management, to help ensure the persistence of the biodiversity for which the site is important. Boundaries are set through consultation with relevant stakeholders and may be based on existing sites of importance for biodiversity, the borders of current protected areas or other conservation areas, or if such sites do not already exist, ecological and topographic features and other management data.

More than 16,000 KBAs have been recognized around the globe to date (www.keybiodiversityareas.org). This number includes the 13,000 IBAs, which have been identified in nearly every country. While the dataset is currently only globally comprehensive for birds (and for highly threatened species, occurring nowhere else as AZE sites) and is largely terrestrial, there is increasing coverage of other ecosystems and taxonomic groups, with birds now comprising less than half of all KBA trigger species, and a growing focus on freshwater and marine environments. Sites meeting KBA criteria have been identified in more than 200 countries and territories, while AZE sites—the subset of KBAs holding the last remaining populations of one or more CR or EN species—have been identified around the world for 5 plant, 2 invertebrate, and 9 vertebrate groups (www.zeroextinction.org).

◁ *Tremarctos ornatus*
Spectacled bear | Maquipucuna Cloud Forest Reserve, Ecuador ◆
Oso de anteojos | Reserva de Bosque Nuboso Maquipucuna, Ecuador
PETE OXFORD

Hasta ahora se han acreditado más de 16,000 KBA alrededor del planeta (www.keybiodiversityareas.org). Este número incluye 13,000 IBA identificadas en casi todos los países del mundo. En la actualidad esta información, en su mayoría del entorno terrestre, es exhaustiva a nivel global sólo para aves y especies altamente amenazadas, como los sitios AZE (Alianza para la Extinción Cero, por sus siglas en inglés). La cobertura para otros ecosistemas y otros grupos taxonómicos va en aumento, siendo las aves el grupo que ahora cuenta con casi la mitad de las especies que activan las KBA, con una creciente atención a los entornos marinos y de agua dulce. En más de 200 países y territorios se han identificado sitios que cumplen con los criterios KBA, mientras que en todo el mundo sólo se han reconocido sitios AZE para cinco grupos de plantas, dos de invertebrados y nueve de vertebrados. Los sitios AZE son un subgrupo de KBA que albergan las últimas poblaciones de una o más especies consideradas como CR (en Peligro Crítico, por sus siglas en inglés) o EN (en Peligro, www.zeroextinction.org).

El tamaño promedio de una KBA es de 1,300 kilómetros cuadrados. Los sitios más pequeños, que en su mayoría son estanques o pequeñas colonias de reproducción, pueden medir sólo 0.01 de kilómetro cuadrado, mientras que el más grande, el sitio marino del Pacífico Central en Kiribati, propuesto para convertirse en Patrimonio Mundial, se extiende por más de 900,000 kilómetros cuadrados. El 65% de las KBA están parcial o totalmente cubiertas por áreas protegidas, y sólo el 20% de éstas tiene cobertura total. Sin embargo, el 35% de las KBA carecen de cualquier tipo de cobertura como área protegida (Butchart et al., 2012, IPBES 2019, ver Capítulo 4).

La Alianza sobre las Áreas Claves para la Biodiversidad

Unidas por el Estándar KBA y bajo el nombre de Alianza sobre las Áreas Clave para la Biodiversidad, 13 de las organizaciones más importantes para la conservación de la naturaleza están trabajando en conjunto para documentar, mapear, monitorear y conservar sitios que son importantes para la vida en el planeta. Además de brindar apoyo para la identificación de KBA en todo el mundo, la Alianza promueve acciones focalizadas de conservación dentro de las KBA, informa e influye en la toma de decisiones sobre las políticas públicas y del sector privado relacionadas con las Áreas Claves para la Biodiversidad y la conservación

The mean size of a KBA is about 1,300 square kilometers. The smallest sites, which mostly include ponds or small breeding colonies, are as little as 0.01 square kilometers, while the largest—the proposed marine Central Pacific World Heritage Site in Kiribati—is more than 900,000 square kilometers. Sixty-five percent of KBAs have complete or partial coverage by protected areas and 20% of all KBAs are wholly covered, but 35% of KBAs lack any coverage by protected areas (Butchart et al., 2012, IPBES 2019, see Chapter 4).

THE KEY BIODIVERSITY AREAS PARTNERSHIP

United by the KBA Standard, 13 of the world's leading nature conservation organizations are working together as the Key Biodiversity Areas Partnership to document, map, monitor, and conserve the most important sites for life on Earth. In addition to supporting the identification of KBAs around the world, the Partnership promotes targeted conservation action in KBAs and informs and influences public policy and private sector decision making related to KBAs and biodiversity conservation. The KBA partners currently include BirdLife International, IUCN, American Bird Conservancy, the Amphibian Survival Alliance, Conservation International, the Critical Ecosystem Partnership Fund, the Global Environment Facility, Re:wild, NatureServe, Rainforest Trust, the Royal Society for the Protection of Birds, Wildlife Conservation Society, and the WWF.

The KBA Partnership represents an unprecedented collaboration of the conservation community around a single objective—a comprehensive network of sites of critical importance for biodiversity that is appropriately identified, correctly documented, effectively managed, sufficiently resourced, and adequately safeguarded. The Partnership enables these organizations to present a unified voice and a coherent approach to governments, civil society, businesses, indigenous and local communities, and others to meet the challenge of conserving our planet's rapidly disappearing biodiversity.

To guide the work of the KBA Partnership and Program, the partners have developed a six-year strategic plan, through 2024. The plan lays out a strategy for the KBA partners and their allies to work with local, national, and regional stakeholders to identify a comprehensive network of KBAs that spans the globe and makes important contributions to the global persistence of biodiversity. Importantly, the KBA Program

de la diversidad biológica. Entre los socios de la Alianza actualmente se encuentran Birdlife International, la UICN, la American Bird Conservancy, la Alianza para la Supervivencia de los Anfibios, Conservación Internacional, el Critical Ecosystem Partnership Fund, el Fondo Mundial para el Medio Ambiente, Re:wild, Nature Serve, el Fondo Rainforest, la Real Sociedad para la Protección de las Aves, la Wildlife Conservation Society y el Fondo Mundial para la Naturaleza (WWF).

Para la comunidad conservacionista, la Alianza KBA representa una colaboración sin precedentes que se enfoca en un solo objetivo: una red integral de sitios de importancia crucial para la biodiversidad que se encuentre identificada de manera apropiada, documentada de forma correcta, gestionada de manera efectiva, que cuente con los recursos suficientes, y que esté debidamente protegida. La Alianza permite que estas organizaciones presenten una voz unida y un abordaje coherente con los gobiernos, la sociedad civil, las empresas y las comunidades originarias y locales, entre otros, para afrontar el desafío de conservar la biodiversidad que desaparece rápidamente en nuestro planeta.

Para dirigir el trabajo de la Alianza y el Programa KBA, los socios han desarrollado un plan estratégico de 6 años hasta el 2024. Este plan presenta una estrategia para que los socios KBA y sus aliados trabajen con las partes interesadas a nivel local, regional y nacional para identificar una red integral de KBA que se extienda por todo el planeta, y hacer importantes contribuciones a la persistencia global de la biodiversidad. Es importante señalar que el Programa KBA no sólo busca identificar sitios importantes, sino también asegurar que éstos sobrevivan a largo plazo. Al alinear los esfuerzos desde las organizaciones comunitarias hasta las internacionales, la Alianza KBA tiene un potencial único para organizar y dirigir los recursos, la pasión, y el apoyo de la política internacional para proteger las KBA de los peligros y fortalecer su contribución a las sociedades sostenibles.

El plan estratégico también delinea la estructura del Programa KBA, el cual está gobernado por el Comité KBA, encargado de dar una

Strigops habroptilus ▷
Kakapo | Codfish Island, New Zealand ◆
Kákapu | Isla Bacalao, Nueva Zelanda
MARK CARWARDINE / NATUREPL.COM

is not just about identifying sites, but also about ensuring their long-term survival. Aligning efforts from the grassroots to the international, the KBA Partnership represents a unique potential to marshal the resources, the passion, and the international political support to safeguard KBAs from harm and strengthen their contribution to sustainable societies.

The strategic plan also lays out the structure of the KBA Program, which is governed by a KBA Committee that provides strategic direction and a KBA Secretariat that coordinates the activities of the program. To ensure community participation and consultation, the KBA Community exists as a platform for collaboration and exchange among experts and organizations involved in KBAs, particularly national and local organizations and communities. The KBA Consultative Forum brings together end-users of KBA data, such as businesses and governments, to communicate needs and challenges in the application of KBA data. Finally, the KBA Standards and Appeals Committee develops and maintains practical guidelines on applying the KBA Standard, and the KBA Technical Working Group ensures that KBAs are identified, documented, and monitored consistently.

One of the most important components of the KBA structure is the system of KBA National Coordination Groups, which are composed of groups of experts from a single nation who, supported by the KBA Program and KBA Partnership, nominate sites within that country and help to review proposed sites. This focus on national identification of sites is key, as it helps to build local ownership and support for the conservation of KBAs at the national level. National Coordination Groups have been established in Australia, Canada, Kenya, Lebanon, Mozambique, Nigeria, South Africa, Tunisia, and Uganda, with many others in development. The KBA Program seeks to establish at least 40 National Coordination Groups by 2024. The structure also includes Regional Focal Points, individuals who provide training and technical support to KBA proposers and National Coordination Groups in a particular region.

◁ *Brachylophus fasciatus*
Fiji Banded Iguana | Fiji ◆
Iguana bandeada de Fiyi | Fiyi
PETE OXFORD

dirección estratégica al programa, y por el Secretariado KBA que coordina las actividades del mismo. Para garantizar la consulta y participación comunitaria, la Comunidad KBA funciona como una plataforma que facilita la colaboración e intercambio entre los expertos y las organizaciones involucradas en estos sitios, especialmente los organismos y comunidades nacionales y locales. El Foro Consultivo KBA reúne a los usuarios finales de las KBA, como empresarios y gobiernos, para que compartan sus necesidades y retos al aplicar esta información. Por último, el Comité de Normas y Apelaciones de las KBA desarrolla y mantiene directrices prácticas para aplicar el Estándar; y finalmente el Grupo de Trabajo Técnico garantiza que las KBA sean identificadas, documentadas y monitoreadas de manera consistente.

Uno de los componentes más importantes de la estructura de las KBA es la red de Grupos de Coordinación Nacional KBA, compuestos por grupos de expertos del mismo país, quienes nominan sitios dentro de su región y ayudan a evaluar las áreas propuestas con el respaldo del Programa y la Alianza KBA. Este enfoque nacional para la identificación de sitios es fundamental, ya que ayuda a fomentar la titularidad local y apoya en la conservación de las KBA a nivel nacional. Se han establecido Grupos de Coordinación Nacional en Australia, Canadá, Kenia, Líbano, Mozambique, Nigeria, Sudáfrica, Túnez y Uganda, además de muchos otros que están en proceso. El Programa KBA busca establecer al menos 40 Grupos de Coordinación Nacional para el 2024. Esta estructura también incluye Puntos Regionales de Coordinación, es decir personas que ofrecen capacitación y apoyo técnico a quienes proponen una KBA, y a los Grupos de Coordinación Nacional de una región específica.

La Base Mundial de Datos KBA

Con más de 16,000 KBA identificadas hasta la fecha, y posiblemente miles más en proceso, es crucial mantener una lista integral y actualizada de estos sitios para garantizar que los tomadores de decisiones tengan la información que necesitan para salvaguardar los sitios importantes de biodiversidad. Para lograr este objetivo, el Programa KBA creó la Base de Datos Mundial de Áreas Clave para la Biodiversidad (WDKBA, por sus siglas en inglés), que es manejada por Birdlife International en representación de la Alianza KBA. La WDKBA es una base de datos interactiva en línea que maneja información de todas las KBA, ofreciendo

PREVIOUS PAGES ◆ PÁGINAS ANTERIORES △
Dracaena cinnabari
Dragon-blood trees | Socotra Island, Yemen ◆
Árboles de dragón | Isla Socotra, Yemen
NEIL LUCAS / NATUREPL.COM

Ordesa National Park | Aragon, Pyrenees, Spain ◆ ▷
Parque Nacional Ordesa | Aragón, Los Pirineos, España
YAHOR BAZUYEU

The World Database of KBAs

With more than 16,000 KBAs identified to date, and potentially thousands more to come, maintaining an up-to-date and comprehensive list of sites is vital for ensuring that decision-makers have the information necessary to safeguard important biodiversity sites. To meet this need, the KBA Program established the World Database of Key Biodiversity Areas (WDKBA). The WDKBA, managed by BirdLife International on behalf of the KBA Partnership, is an interactive online database for managing data on all KBAs that provides free, detailed information for each site (www.keybiodiversityareas.org). The wealth of information contained in the WDKBA makes it one of the most inclusive and important databases of biodiversity in the world, and an invaluable resource for governments, businesses, scientists, civil society organizations, and communities seeking to conserve biodiversity.

Strengthening Use of Information on KBAs

The true value of the WDKBA lies in how it is used by end-users. The KBA Partnership is therefore developing resources to provide guidance on how KBA data can most effectively be used, releasing its Guidelines on Business and KBAs (The KBA Partnership 2018) as a tool to help the private sector avoid, minimize, and manage the risks to biodiversity from their operations. The Business Guidelines recognize that very few KBAs are wilderness areas; many of them include areas that are commercially productive, for example, agriculture, forestry, fishing, or mining. Directed at businesses and certification schemes, as well as financial institutions, civil society, and public authorities, the Business Guidelines can help investors understand the ecological value of KBAs and highlight operational, regulatory, legal, and reputational risks at the earliest stages. Such risks are often only discovered during an environmental impact assessment process, when it might be too late to make substantial changes to a project. The Business Guidelines also outline the opportunities for corporations to make a positive impact on KBAs and

◁ *Tarsius spectrumgurskyae*
Gursky's spectral tarsier | Tangkoko National Park, Sulawesi, Indonesia ◆
Tarsero de Gursky | Parque Nacional Tangkoko, Sulawesi, Indonesia

NICK GARBUTT

datos detallados y gratuitos sobre cada uno de los sitios (www.keybiodiversityareas.org). La gran cantidad de información que tiene disponible la convierte en una de las bases de datos más completa e importante para la biodiversidad en el mundo, y es un recurso invaluable para los gobiernos, empresas, científicos, organizaciones de la sociedad civil y comunidades que buscan conservar la biodiversidad.

Fortaleciendo el Uso de la Información sobre las KBA

El verdadero valor de la WDKBA radica en la forma en que la utilizan los usuarios finales. Por esta razón, la Alianza KBA está desarrollando recursos para dar orientación sobre la forma más efectiva de usar ésta información, publicando sus Directrices para Negocios y las KBA como una herramienta que ayuda al sector privado a evitar, minimizar y manejar los riesgos que sus operaciones pudieran representar para la biodiversidad (Alianza KBA 2018). Las Directrices para Negocios reconocen que muy pocas KBA son áreas silvestres, y muchas de ellas incluyen zonas que son comercialmente productivas, por ejemplo, para la agricultura, silvicultura, pesca o minería. Al estar dirigidas hacia empresas y programas de certificación, al igual que a instituciones financieras, sociedad civil y autoridades públicas, las Directrices de Negocios pueden ayudar a los financiadores a entender el valor ecológico de las KBA y detectar desde las primeras etapas los riesgos operativos, normativos, legales y para su reputación. Muchas veces, estos riesgos se descubren durante los procesos de evaluación del impacto ambiental, cuando ya podría ser demasiado tarde para hacer cambios significativos en un proyecto. Estas Directrices de Negocios también describen las oportunidades que tienen las empresas de tener un impacto positivo en las KBA, y por ende en la biodiversidad global. Implementar e incorporar estos lineamientos en sus políticas corporativas también puede ayudar a las empresas a cumplir con los estándares de inversionistas y de consumidores, quienes incluyen cada vez más a las Áreas Clave para la Biodiversidad en sus políticas de protección ambiental. Las organizaciones comerciales pueden tener acceso a la información sobre KBA que está disponible en la WDKBA, a través de la Herramienta Integrada para la Evaluación de la Biodiversidad (IBAT, por sus siglas en inglés, https://ibat-alliance.org/).

thus global biodiversity. Implementing the Business Guidelines and incorporating them into corporate policies can also help businesses comply with investor and consumer standards, which increasingly include KBAs in their environmental safeguard policies. Commercial organizations can access data on KBAs from the WDKBA through the Integrated Biodiversity Assessment Tool (IBAT, https://ibat-alliance.org/).

The Purpose of this Book

In addition to the corporate sector, a broad range of end-users are using KBA data from the WDKBA and the KBA Program to support conservation of biodiversity in a wide variety of ways (Dudley et al., 2014). This book focuses on those uses around the world, with stunning photographs that tell the stories of the sites themselves and the species and ecosystems for which they are important. In each of the 10 chapters in this book, leading global experts discuss a different application or implication of the KBA Program in the overall fight to stop the global loss of biodiversity.

KBAs can provide a roadmap to support the targeted and strategic expansion of the world's network of state, private, and community-owned and -managed protected and conserved areas. Chapter 1 shows how national and regional governments, civil society organizations, and local communities are using KBAs to guide the establishment of new protected areas around the world.

In addition to guiding the establishment of protected and conserved areas, the KBA Standard is helping to support overall national and regional government conservation planning and priority-setting by providing data for national spatial plans for biodiversity conservation. These conservation plans can then be used to inform land/sea-use and development planning, ensuring that development pathways are compatible with global biodiversity conservation. Chapter 2 discusses how spatial planning can help determine where limited funds should be targeted and also indicate where businesses should avoid operating or ensure that they are effectively minimizing their impacts on biodiversity.

There is significant overlap between the KBA criteria and those found in major global treaties on biodiversity conservation, including the Ramsar Convention on Wetlands of International Importance, the Convention on Biological Diversity, and the UNESCO World Heri-

El Propósito de este Libro

Además del sector corporativo, un gran número de usuarios están utilizando de formas muy variadas la información de la WDKBA y del Programa KBA para apoyar la conservación de la biodiversidad (Dudley et al., 2014). Este libro se enfoca en los usos que se le da a esta información en todo el mundo, a través de impactantes fotografías que relatan historias de los sitios mismos, y de las especies y ecosistemas que los hacen importantes. En cada uno de los 10 capítulos de este libro, expertos de talla mundial analizan las diferentes aplicaciones e implicaciones que tiene el Programa KBA en la lucha para detener la pérdida de biodiversidad en todo el planeta.

Las KBA pueden proporcionar una hoja de ruta para apoyar la expansión focalizada y estratégica de la red mundial de áreas protegidas o de conservación a nivel estatal, privado o comunitario. El capítulo 1 muestra cómo los gobiernos nacionales y regionales, las organizaciones de la sociedad civil y las comunidades locales están utilizando las KBA para dirigir la creación de nuevas áreas protegidas en todo el mundo.

Además de servir como guía para establecer áreas protegidas o de conservación, el Estándar KBA apoya a los gobiernos regionales y nacionales en la planeación general de la conservación y a determinar prioridades, proporcionando información para los planes nacionales de ordenamiento territorial dirigidos a la conservación de la biodiversidad. Estos planes conservacionistas pueden ser utilizados para informar sobre el uso del suelo y de aguas marinas, y para planear el desarrollo, garantizando que las vías usadas para este avance sean compatibles con la conservación de la biodiversidad global. El capítulo 2 analiza la forma en que la planeación territorial puede servir para decidir hacia dónde se deben destinar los fondos limitados. También para indicar a las empresas en dónde deben evitar operar, o para comprobar que en realidad estén reduciendo de manera eficaz el impacto que tienen sobre la biodiversidad.

Piliocolobus kirkii ▷
Zanzibar red colobus monkey | Jozani Forest, Zanzibar, Tanzania ◆
Mono colobo rojo de Zanzíbar | Bosque de Jozani, Zanzíbar, Tanzania
ROBIN MOORE

Existe un importante traslape entre los criterios KBA y los criterios de los tratados más importantes sobre la conservación de la biodiversidad a nivel mundial, incluyendo a la Convención de Ramsar sobre los Humedales de Importancia Internacional, el Convenio sobre la Diversidad Biológica y la Convención sobre el Patrimonio Mundial de la UNESCO. El capítulo 3 trata sobre el Estándar KBA y la WDKBA, y la manera en que ambas son herramientas importantes para describir e identificar sitios que podrían ser designados bajo éstas y otras convenciones internacionales.

El Programa KBA también juega un papel importante en la implementación y monitoreo de los indicadores y las metas de la biodiversidad mundial que fueron establecidos en las convenciones y acuerdos internacionales, incluyendo las Metas de Aichi del Plan Estratégico para la Biodiversidad 2011 – 2020, adoptado por las Partes en la Convención sobre la Diversidad Biológica de 2010. El capítulo 4 demuestra lo valiosas que pueden ser las KBA para enfocar acciones dirigidas a lograr éstas y otras metas, tales como los Objetivos de Desarrollo Sostenible.

A pesar de que los fondos para la conservación han aumentado en la última década, todavía hay un déficit importante en los recursos disponibles para salvaguardar la biodiversidad. El capítulo 5 trata sobre la manera en que las KBA pueden guiar las decisiones que toman los bancos multilaterales de desarrollo, las empresas, las organizaciones filantrópicas, y los inversionistas privados, sobre dónde y cómo asignar los escasos fondos para la conservación.

Uno de los objetivos más importantes del Programa KBA es prevenir la extinción de las especies y el colapso de los ecosistemas. En el capítulo 6, los autores analizan el desafío urgente de conservar los subconjuntos de KBA que albergan flora y fauna silvestres y que están al borde de la extinción, lo que representa la mejor oportunidad que tenemos para evitar que estas especies desaparezcan para siempre.

◁ *Graphium macleayanum* and *Cyathodes glauca*
Macleay's swallowtail on purple cheeseberry | Tasmania, Australia ◆
Mariposa de Macleay cola de golondrina sobre baya de queso morada | Tasmania, Australia
DAVE WATTS

tage Convention. Chapter 3 discusses how the KBA Standard and the WDKBA are important tools for describing and identifying potential sites for designation under these and other international conventions.

The KBA Program can also play an important role in the implementation and monitoring of global biodiversity targets and indicators set by such international conventions and agreements, including the Aichi Targets in the Strategic Plan for Biodiversity 2011-2020, which was adopted by the Parties to the Convention on Biological Diversity in 2010. Chapter 4 shows how KBAs can be valuable in focusing actions to achieve these and other targets, such as the Sustainable Development Goals.

There is still a major shortfall in resources available for safeguarding biodiversity, despite significant increases in conservation funding over the last decades. Chapter 5 discusses how KBAs can guide decisions by multilateral development banks, businesses, philanthropic organizations, and private investors about how and where to allocate scarce conservation funding.

One of the most fundamental goals of the KBA Program is to prevent species extinction and ecosystem collapse. In Chapter 6, the authors discuss the urgent challenge of conserving the subset of KBAs that harbor wildlife on the brink of extinction, representing the best chance we have to save these species from disappearing forever.

As discussed above, the WDKBA can help businesses that may be operating or considering operating in or around KBAs to improve their environmental risk management procedures and ensure that they are minimizing potential damage to biodiversity. Chapter 7 discusses this benefit and reviews how KBAs have also been an important tool for certification schemes and financial institutions in the development of policies and standards that safeguard critical habitats.

As more KBAs are identified around the world, many will overlap with the territories governed, managed, and conserved by indigenous peoples who have maintained and even enhanced biodiversity in some of the world's richest ecosystems. Chapter 8 discusses how the KBA approach can support the efforts of indigenous people and local communities to conserve and safeguard habitats and ecosystems in a way that respects their customary governance and management systems.

In addition to providing a home to globally important flora and fauna, many KBAs also deliver important benefits and ecosystem services

Como se planteó anteriormente, la WDKBA puede ayudar a las empresas que están operando, o considerando operar, dentro o cerca de una KBA a mejorar sus procedimientos de manejo de riesgos medioambientales, y asegurarse de ocasionar el mínimo daño potencial a la biodiversidad. El capítulo 7 explica este beneficio y analiza cómo las KBA también han sido una herramienta importante para los programas de certificación, y para las instituciones financieras en el desarrollo de estándares y políticas de salvaguarda de los hábitats críticos.

A medida que se van identificando más KBA alrededor del mundo, muchas de ellas se traslaparán con territorios gobernados, manejados y conservados por los pueblos originarios que han mantenido e incluso mejorado la biodiversidad en algunos de los ecosistemas más ricos del mundo. El capítulo 8 examina cómo el enfoque KBA puede apoyar los esfuerzos de las comunidades locales y de los pueblos originarios a conservar y proteger los hábitats y ecosistemas, de tal manera que se respete su gobernanza y su sistema de gestión tradicional.

Además de albergar flora y fauna que son importantes a nivel global, muchas KBA también brindan importantes beneficios y servicios ecosistémicos a los grupos humanos. El capítulo 9 habla sobre éstos beneficios vitales, tales como alimento, agua y sustento para muchas personas: leña, materias primas y servicios globales como la energía hidráulica, el almacenamiento de carbono, la protección contra inundaciones costeras, la polinización y el control de plagas, medicamentos, esparcimiento y turismo.

Las KBA también desempeñan un papel importante en la conservación de la biodiversidad ante el continuo impacto del cambio climático que amenaza a los pobladores, a las especies y a los ecosistemas naturales en todo el planeta. El capítulo 10 examina los retos que representan las cambiantes condiciones climáticas para la red de las KBA a medida que el clima impacta la distribución de las especies y los ecosistemas; al igual que el importante papel que puede jugar la conservación de las KBA como solución al cambio climático basado en la

Ara rubrogenys ▷
Red-fronted macaw | Cochabamba, Bolivia ◆
Guacamaya frente roja | Cochabamba, Bolivia
DUBI SHAPIRO

West Andros, The Bahamas ◆ ▷
Occidente de la Isla Andros, Las Bahamas
CARLTON WARD JR.

to human populations. Chapter 9 discusses these vital benefits, including food, water, and livelihoods for many people; fuelwood and raw materials; and global services, such as hydropower, carbon storage, protection from coastal flooding, pollination and pest control, medicine, and recreation and tourism.

KBAs are also playing an important role in conserving biodiversity in light of the ongoing impacts of climate change, which threatens human populations, species, and natural ecosystems throughout the world. Chapter 10 looks at the challenges of changing climatic conditions to the KBA network as climate impacts the distribution of species and ecosystems, as well as the important role that conservation of KBAs can play as a nature-based solution to climate change and in strengthening the resilience and ability of species and ecosystems to adapt to global climate change.

The future of KBAs

As the current Strategic Plan for Biodiversity (2011-2020) comes to an end and the international community looks ahead to the coming decades, KBAs will be an increasingly important part of the post-2020 Global Biodiversity Framework. Time is running out for many species and ecosystems, and while there is broad international desire for and movement toward more ambitious global conservation targets, it is crucial to come to an agreement on what most needs to be conserved and where. Based on globally agreed criteria, KBAs provide a harmonized approach to target and accelerate efforts to halt biodiversity loss, by focusing on those sites most important for sustaining global biodiversity. KBAs offer a blueprint for effectively conserving and scaling up action for our planet's biodiversity and should be the foundation of ambitious global targets to conserve and safeguard the future of our planet's terrestrial, freshwater, and marine ecosystems and species.

naturaleza; y en el fortalecimiento de la resiliencia y habilidad de las especies y los ecosistemas para adaptarse al cambio climático global.

El Futuro de las KBA

A medida que el Plan Estratégico para la Biodiversidad 2011–2020 llega a su fin, y la comunidad internacional dirige su atención a las próximas décadas, las KBA serán cada vez más importantes en el Marco Global para la Biodiversidad Post-2020. El tiempo se acaba para muchas especies y ecosistemas, y aunque existe un gran deseo de adoptar metas globales más ambiciosas para la conservación por parte de la comunidad internacional, primero se debe llegar a un acuerdo sobre lo que se debe conservar y en dónde. Con base en los criterios acordados a nivel mundial, las KBA ofrecen un enfoque unificado para dirigir y acelerar los esfuerzos para detener la pérdida de biodiversidad, enfocándose en aquellos sitios que son más importantes para la sustentabilidad de la biodiversidad global. Las KBA ofrecen un esquema que permite lograr una conservación efectiva y escalar las acciones en favor de la biodiversidad, funcionando como cimiento para las metas globales ambiciosas de conservar y salvaguardar el futuro de los ecosistemas y las especies terrestres, marinas y de agua dulce de nuestro planeta.

◁ *Branta sandwicensis*
Nene goose | Waimea Canyon, Kaua'i, Hawaii, USA ◆
Ganso nene | Cañón de Waimea, Kaua'i, Hawái, EUA
DAVID FLEETHAM / NATUREPL.COM

PREVIOUS PAGES ◆ PÁGINAS ANTERIORES △
Athrotaxis cupressoides and *Nothofagus gunnii*
Pencil pines and tanglefoot |
Cradle Mountain, Lake Saint Clair National Park, Tasmania ◆
Cedros y hayas caducifolias de Tasmania |
Parque Nacional Monte Cradle, Lago Saint Clair, Tasmania
ROB BLAKERS

Lofoten, Norway ◆ Lofoten, Noruega ▷
YAHOR BAZUYEU

FOLLOWING PAGES ◆ PÁGINAS SIGUIENTES ▽
Monodon monoceros
Narwhals | Lancaster Sound, Nunavut, Canada ◆
Narvales | Estrecho de Lancaster, Nunavut, Canadá
PAUL NICKLEN / SEALEGACY

1

Guiding Strategic Expansion of Protected Area Networks

Orientando la Expansión Estratégica de las Redes de Áreas Protegidas

Stephen Woodley, Zoltan Waliczky, and Don Church

It is widely understood that we are in the middle of a global biodiversity crisis (De Vos et al., 2015; Díaz et al., 2019). The top drivers of biodiversity loss are habitat loss and fragmentation (changes in land, freshwater, and ocean use) and direct exploitation, with overharvest being more significant in marine systems (Díaz et al., 2019). Many of these drivers can be managed through area-based conservation. Because biodiversity loss is primarily driven by habitat loss and exploitation, protected and conserved areas are the key policy solutions to the biodiversity crisis.

In its 2010–2020 Strategic Plan, the Convention on Biological Diversity (CBD) established 20 Aichi Biodiversity Targets, organized under five Strategic Goals (CBD 2011). Goal C is to "improve the status of biodiversity by safeguarding ecosystems, species, and genetic diversity," and Aichi Target 11 aims to have at least 17% of terrestrial and inland water areas and 10% of coastal and marine areas, "especially areas of particular importance for biodiversity," safeguarded by formal protected areas or "other effective area-based conservation measures" (OECMs) by 2020 (Jonas et al., 2018). On average, only 45.6% of all KBAs are covered by protected areas (see Chapter 4), but this may increase significantly if OECMs are also included. There are still questions about the effectiveness of OECMs, but Donald et al. (2019) report that, in a

Se reconoce ampliamente que estemos en el centro de una crisis mundial de biodiversidad (De Vos et al., 2015; Díaz et al., 2019). Las principales causas del detrimento de la diversidad biológica son la pérdida y fragmentación de los hábitats (terrestres, marinos y de agua dulce) y la explotación directa de los recursos naturales, siendo la sobrepesca marina la de mayor relevancia (Díaz et al., 2019). Muchas de las causas pueden ser controladas mediante la conservación basada en áreas, lo que la convierte en una política clave para la solución de la crisis.

En su Plan Estratégico del 2010–2020, la Convención sobre la Diversidad Biológica (CDB) en Aichi, Japón, estableció 20 Metas para la Biodiversidad estructuradas en torno a cinco Objetivos Estratégicos (CDB 2011). El Objetivo C busca "mejorar el estado de la biodiversidad, salvaguardando los ecosistemas, las especies y la diversidad genética"; y la Meta 11 de Aichi tiene como objetivo salvaguardar al menos el 17% de las zonas terrestres y de aguas interiores, así como el 10% de las zonas marinas y costeras, *"especialmente las de particular importancia para la biodiversidad"* a través de áreas formalmente protegidas y de *"otras medidas efectivas de conservación basadas en áreas (OMEC)"* para el 2020 (Jonas et al., 2018). En promedio, únicamente el 45.6% de todas las Áreas Clave de Biodiversidad (KBA, por sus siglas en inglés) están cubiertas por áreas protegidas (ver el capítulo 4), pero esto podría aumentar de manera significativa si también se incluyen las OMEC. Todavía hay dudas acerca de la efectividad de las OMEC, sin embargo Donald et al. (2019) informaron que, en un conjunto muestra de países, la mayoría de las KBA desprotegidas (76.5%) estaban al menos parcialmente cubiertas por una o más de las OMEC potenciales.

De acuerdo con la Base de Datos Mundial sobre Áreas Protegidas, la cobertura global de dichas áreas es de casi 15% de la superficie terres-

◁ *Eleutherodactylus bakeri*
La Hotte bush frog | Pic Macaya National Park, Massif de la Hotte, Haiti ◆
Rana de los arbustos de La Hotte | Parque Nacional Pic Macaya, Macizo de la Hotte, Haití
CLAUDIO CONTRERAS KOOB

◁ *Chelonia mydas*
Green sea turtle | Tubbataha Reef National Park, Philippines ◆
Tortuga verde | Parque Nacional del Arrecife de Tubbataha, Fili
GIORDANO CIPRIANI

sample set of countries, a majority of unprotected KBAs (76.5%) were at least partly covered by one or more potential OECMs.

Global coverage of protected areas, according to the World Database on Protected Areas, is almost 15% of the Earth's land surface and inland waters, and just above 7% of the global oceans. Marine areas under national jurisdiction have significantly more protection (17%) than Areas Beyond National Jurisdiction, with just over 1% protected (UNEP-WCMC, IUCN and NGS, 2018). Because the definition of OECMs was only agreed to in December 2018, this coverage may increase significantly as countries report against this definition.

The CBD treaty is well-supported by scientific arguments on the need to prioritize conservation in areas of importance for biodiversity (Venter et al., 2014). The scientific community has used a range of divergent approaches to set conservation priorities, but there is now broad agreement around Key Biodiversity Areas (KBAs) as a standard for identifying important biodiversity sites.

As noted in Chapter 4, KBAs are increasingly being used by countries as a way to focus efforts on areas of importance for biodiversity, as well as by the CBD as a way to track progress toward Aichi Target 11 and by the United Nations as a metric for progress toward achieving Sustainable Development Goals 14 (Life Below Water) and 15 (Life on Land).

There are many examples of KBAs guiding protected area establishment. One of the best regional examples is the European Union, where Important Bird and Biodiversity Areas (IBAs), the subset of KBAs identified for birds, were used by governments as the basis for designating Special Protection Areas under the EC Birds Directive. As a result, 66% of the terrestrial and 61% of the marine IBA network area is protected in the EU (Kukkala et al., 2016; Ramirez et al., 2017). There are also national examples of governments using KBAs for designating new protected areas, such as in the Philippines, Timor-Leste, Tunisia, and Vietnam (Waliczky et al., 2019). Civil society organizations are also using KBAs to guide the creation of private protected areas and community conservation areas. For example, Re:wild and Rainforest Trust collaborated with local partners and communities to protect irreplaceable sites in Guatemala's Cerro Amay, Colombia's Sierra Nevada de Santa Marta mountains, Haiti's Massif de la Hotte, and Cleopatra's Needle in the Philippines, among many others.

tre y aguas interiores del planeta, y un poco más del 7% de los océanos del mundo. Las zonas marinas bajo jurisdicción nacional (17%) tienen mucha más protección que las áreas fuera de jurisdicción, y de éstas sólo poco más del 1% están protegidas (PNUMA-CMVC, UICN y NGS, 2018). Debido a que recién en diciembre del 2018 se llegó a un acuerdo sobre la definición de las OMEC, esta cobertura podría crecer de manera importante a medida en que las naciones empiecen a emitir reportes sobre este rubro.

El Tratado de la CDB cuenta con el respaldo de argumentos científicos sobre la necesidad de priorizar la conservación en áreas de importancia para la biodiversidad (Venter et al., 2014). La comunidad científica ha usado una serie de enfoques divergentes para establecer las prioridades de conservación, prevaleciendo un amplio consenso sobre las Áreas Claves para la Biodiversidad como un estándar que sirve para identificar sitios importantes de diversidad biológica.

Como se señala en el Capítulo 4, las naciones están usando cada vez más las KBA como una forma para concentrar esfuerzos. Las KBA son utilizadas para monitorear el progreso hacia el cumplimiento de la Meta 11 de Aichi; y las Naciones Unidas las usa como una medida del avance hacia el cumplimiento de los objetivos 14 (vida submarina) y 15 (vida en la tierra) de los Objetivos para el Desarrollo Sostenible.

Existen muchos ejemplos de cómo las KBA sirven como guía para el establecimiento de áreas protegidas. Uno de los mejores ejemplos regionales es la Unión Europea (UE), en donde el subgrupo de KBA identificadas para aves de las Áreas Importantes para la Conservación de las Aves y la Biodiversidad (IBA, por sus siglas en inglés) fueron usadas por los gobiernos para designar Zonas Importantes para la Protección de las Aves bajo la Directiva de Aves de la UE. Como resultado, el 66% de las áreas terrestres y el 61% de las zonas marinas del sistema IBA en la UE ahora están protegidas (Kukkala et al., 2016; Ramírez et al., 2017). También existen ejemplos nacionales de gobiernos que utilizan las KBA para designar nuevas áreas protegidas, como en las Filipinas, Timor-

◁ *Zalophus wollebaeki*
Galápagos sea lion | Galápagos Islands, Ecuador ◆
León marino de las Galápagos | Islas Galápagos, Ecuador
CRISTINA MITTERMEIER / SEALEGACY

With the formation of the global KBA Partnership, there is a focus on establishing KBA National Coordination Groups (see Chapter 2) to lead the identification of KBAs. National Coordination Groups are working with KBA Partners in several countries, including South Africa and Canada, to identify KBAs based on all 11 KBA criteria and adapt the KBA Standard to national circumstances, in order to identify national-level KBAs as well. Their efforts will illuminate conservation gaps and support planning to expand the global protected and conserved area system to meet Aichi 11 and beyond.

In 2021, a revised strategic plan for the CBD will be approved at a Conference of the Parties in Kunming, China. Much work has already gone into this plan. There is no question that we need to dramatically scale up conservation and target our efforts to conserve biodiversity. The identification of KBAs will be part of a renewed focus on effective protected and conserved areas targeted at sites of importance for biodiversity.

Leste, Túnez y Vietnam (Waliczky et al., 2019). Las organizaciones de la sociedad civil también usan las KBA para la conformación de áreas protegidas privadas y áreas de conservación comunitarias. Por ejemplo, Re:wild y Rainforest Trust colaboraron con socios y comunidades para proteger sitios irremplazables en el cerro El Amay en Guatemala; en las montañas de la Sierra Nevada de Santa Marta en Colombia; en el Macizo de la Hotte en Haití; y en la Aguja de Cleopatra en Filipinas, entre muchos otros.

Con la creación de la Comunidad KBA a nivel mundial, surge el interés de establecer Grupos Nacionales de Coordinación de Áreas Clave para la Biodiversidad que dirijan el proceso de identificación (ver el Capítulo 2). Estos grupos trabajan con aliados de las KBA en varios países, incluyendo Sudáfrica y Canadá, para identificar éstas áreas con base a los 11 criterios KBA y adaptar el estándar a las circunstancias locales para poder identificarlas a nivel nacional. Sus esfuerzos darán claridad a los vacíos en la conservación y respaldarán los planes para ampliar los sistemas de áreas protegidas y de conservación a nivel mundial, para así alcanzar, e incluso sobrepasar, la Meta 11 de Aichi.

En la Conferencia de las Partes en Kunming, China, en 2021, se aprobará un plan estratégico revisado para las CBD. Ya se ha trabajado mucho en este plan, y no hay duda de que es necesario elevar drásticamente la conservación y dirigir nuestros esfuerzos hacia la biodiversidad. La identificación de las KBA será parte de un enfoque renovado para la protección y conservación efectiva de las áreas en sitios importantes para la biodiversidad.

◁ *Bothriechis bicolor*
Guatemala palm pit viper | El Triunfo Biosphere Reserve, Chiapas, Mexico ◆ Nauyaca de árbol bicolor | Reserva de la Biosfera El Triunfo, Chiapas, México
CLAUDIO CONTRERAS KOOB

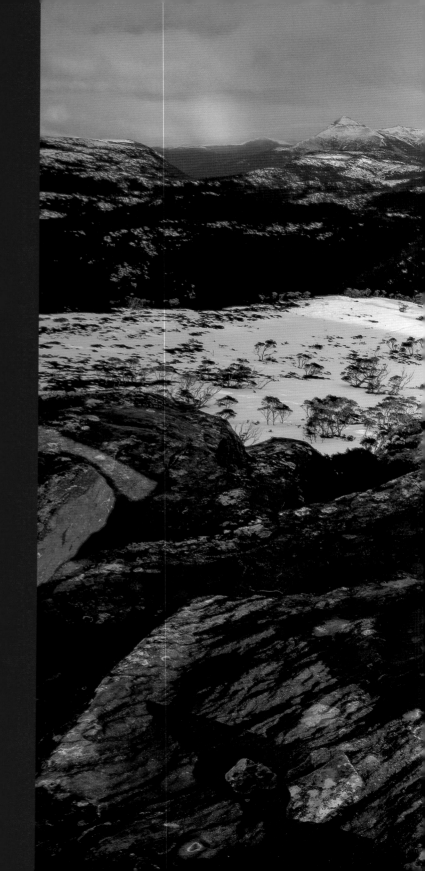

PREVIOUS PAGES ◆ PÁGINAS ANTERIORES △
Macaya Biosphere Reserve | Massif de la Hotte, Haiti ◆
Reserva de la biósfera de Macaya | Macizo de la Hotte, Haití
ROBIN MOORE

Cradle Mountain | Lake Saint Clair National Park, Tasmania ◆ ▷
Monte Cradle | Parque Nacional Lago Saint Clare, Tasmania
ROB BLAKERS

FOLLOWING PAGES ◆ PÁGINAS SIGUIENTES ▽
Atauro Island, Timor-Leste ◆ Isla Atauro, Timor-Leste
CRISTINA MITTERMEIER / SEALEGACY

2

Supporting National Conservation Planning and Priority-Setting

Apoyando la Planeación Nacional para la Conservación y Fijando Prioridades

Andrew J. Plumptre, Daniel Marnewick, Hugo Costa, Simon Nampindo, Hugo M. Rainey, and Golo Maurer

Key Biodiversity Areas are an essential tool for countries and NGOs in developing conservation plans and setting priorities. National-level assessment and identification of KBAs should be seen as the key element in encouraging and supporting governments to integrate biodiversity as a core component of economic development strategies and in developing national spatial plans for biodiversity conservation. Mapping sites that are of global importance for populations of a species or extent of an ecosystem, and not just of national importance, can attract funding to secure them, as well as reduce the risks of their loss from human development activities.

Once spatial conservation plans exist, they can be used to inform where development should and should not occur in a country, guiding businesses on where they should avoid operating or where they need to minimize their impacts on the species or ecosystems that trigger KBA status. Tools such as the Integrated Biodiversity Assessment Tool (IBAT) have been developed to help businesses understand where environmental impacts – and thus reputational risks to their business – would be the greatest. Spatial planning can also guide where funding should be targeted to have maximum impact. For instance, in Australia, KBAs are used for priority-setting by BirdLife Australia, which uses threats reporting to identify KBAs in Danger for conservation action, such as its work in Christmas Island and developments in the

Para los países y para las ONG, las Áreas Claves de Biodiversidad, o KBA como se conocen en inglés, son una herramienta esencial para desarrollar planes de conservación y fijar sus prioridades. La evaluación e identificación de las KBA a nivel nacional debe ser considerado como un elemento clave para exhortar y apoyar a los gobiernos para que integren a la biodiversidad como un componente central en las estrategias de desarrollo económico, y en el diseño de los planes nacionales de ordenamiento territorial para la conservación de la biodiversidad. El mapeo de los sitios de importancia mundial para algunas especies, o la extensión de un ecosistema de importancia nacional, puede atraer fondos para asegurarlos y también reducir el riesgo de perderlos debido a las actividades humanas.

Una vez que se tienen los planes de ordenamiento territorial para la conservación, las KBA pueden usarse como guía para determinar en qué lugar puede haber desarrollo y en dónde no, con directrices sobre dónde evitar que operen las empresas, o en qué lugares es necesario minimizar el impacto que éstas tienen en las especies o ecosistemas que pudieran activar un estatus de KBA. Se han desarrollado instrumentos, tales como la Herramienta Integrada para la Evaluación de la Biodiversidad (IBAT, por sus siglas en inglés), para ayudar a las empresas a entender en dónde tendrían los impactos ambientales más grandes, mismos que pudieran poner en riesgo su reputación. Los planes de ordenamiento territorial también pueden ayudar a determinar hacia dónde deben dirigirse los fondos para maximizar su efecto. En Australia, por ejemplo, BirdLife Australia utiliza las KBA para establecer prioridades, usando los reportes de amenazas para identificar las áreas clave en peligro, e iniciar acciones de conservación, tales como el trabajo que han hecho en la Isla Navidad, o los desarrollos en la KBA del Paso

◁ *Protea* sp.
Sugarbush | Table Mountain National Park, South Africa ◆
Protea mielera | Parque Nacional Montaña de la Mesa, Sudáfrica
JUERGEN RITTERBACH / ALAMY STOCK PHOTO

Moreton Bay Pumice Stone Passage KBA. Similarly, an Australian government-funded threatened species research hub is using KBAs to identify priority conservation areas, and the Queensland Department of Environment and Heritage is using KBAs to identify priorities for conservation and monitoring on the Great Barrier Reef. In Uganda, a broad stakeholder engagement process for identifying KBAs resulted in the National Roads Authority avoiding a forested KBA during roadway development.

Even where spatial conservation plans already exist, there is value in incorporating KBAs into existing plans because they identify sites that are globally important. For example, South Africa is at the forefront of using spatial biodiversity planning at a national scale to identify where to conserve species and habitats as efficiently as possible. In the early 2000s, South Africa selected sites that were important for globally threatened species or that held intact patches of certain habitat types. More recently, the South African National Biodiversity Institute completed a national assessment of KBAs that identified important areas with globally important populations of non-threatened species with small ranges that were not being effectively conserved in their original spatial plan. These species were not being safeguarded by simply protecting sufficient habitat because their global ranges were not found across all habitats. This work showed that a national-level KBA assessment can be very valuable, even in a country with one of the most advanced spatial conservation plans.

The KBA Program encourages countries to establish KBA National Coordination Groups made up ideally of conservation practitioners and representatives of government agencies and the scientific community. The role of these groups is to encourage and support the assessment of KBAs at a national level, and then to map and delimit KBA

△ **PREVIOUS PAGES** ◆ PÁGINAS ANTERIORES
Great Barrier Reef, Australia ◆ Gran Barrera de Coral, Australia
DAVID DOUBILET

◁ *Recurvirostra novaehollandiae*
Red-necked avocet | Lake Eyre, Australia ◆
Avoceta australiana | Lago Eyre, Australia
GERHARD KOERTNER / AVALON.RED / ALAMY STOCK PHOTO

Pumice Stone en la Bahía Moreton. De igual manera, un centro de investigación de especies en peligro de extinción financiado por el gobierno australiano utiliza las KBA para identificar áreas prioritarias de conservación; y el Departamento del Medio Ambiente y Protección del Patrimonio de Queensland también las usa para identificar prioridades de conservación y monitorear la Gran Barrera de Coral. En Uganda, un amplio proceso que involucra a varios actores en la identificación de las KBA ha logrado que la Agencia Nacional de Carreteras evite construir caminos dentro de un bosque clave para la biodiversidad.

Incluso en donde ya existen planes de ordenamiento territorial para la conservación, las KBA agregan valor pues identifican los sitios de importancia mundial. Por ejemplo, Sudáfrica es punta de lanza en el uso de la planeación territorial enfocada en la biodiversidad a escala nacional, identificando en dónde conservar especies y hábitats de la manera más eficiente posible. A principio de los años 2000, Sudáfrica identificó sitios que eran importantes para las especies amenazadas a nivel mundial, o que tenían parches intactos de ciertos tipos de hábitats. Más recientemente, el Instituto Nacional de Biodiversidad de Sudáfrica completó una evaluación nacional de las KBA en la que se identifican zonas con importantes poblaciones de especies no amenazadas a nivel global, pero que presentan pequeños parches de hábitat que no se estaban conservando de manera efectiva en el plan de ordenamiento original. No se salvaguardaba a estas especies sólo con proteger suficiente hábitat, ya que los sitios donde viven no se encuentran en todos los entornos. Este trabajo mostró que las evaluaciones de KBA a nivel nacional pueden ser muy valiosas, incluso en países que tienen los planes más avanzados de ordenamiento territorial para la conservación.

El Programa de Áreas Clave de Biodiversidad exhorta a los países a establecer Grupos Nacionales de Coordinación, idóneamente formados por profesionales de la conservación, representantes de las agencias gubernamentales y de la comunidad científica. El papel de estos grupos es promover y apoyar las valoraciones de las KBA a nivel nacional, y luego mapear y delimitar sus fronteras para apoyar el monitoreo y conservación de estos sitios. El objetivo de incluir a los representantes de gobierno en estos grupos es que las KBA sean reconocidas en las leyes nacionales, y por lo tanto reciban protección y salvaguarda, informando sobre los planes de ordenamiento territorial a nivel nacional y regional.

Cladorhynchus leucocephalus ▷
Banded stilts | Lake Eyre, Australia ✦
Cigüeñuela pechirroja | Lago Eyre, Australia
GLENN EHMKE

boundaries and support monitoring and conservation of these sites. The aim is that, by including government representatives in these national groups, KBAs will be recognized in national laws and thereby receive protection or safeguard, informing spatial planning at the national and sub-national levels.

For example, in Mozambique, a KBA National Coordination Group has been established that involves members of the ministries and departments responsible for the environment, with the specific aim of having the sites recognized in national policy. KBAs have been promoted within the government of Mozambique as a tool to help the country develop a national conservation plan and set national strategies and targets. Similarly, in Canada, a Federal-Provincial-Territorial partnership is developing a pathway to meeting Aichi Target 11, which is using KBAs to help guide expansion of its protected area network (Chapter 1).

Recognizing KBAs in national laws can support conservation and development planning by prioritizing conservation efforts in the most important areas, preventing negative impacts in these globally important sites, and guiding businesses in avoiding biologically sensitive areas. To date, there has not been a single, all-inclusive map showing the most important sites for biodiversity on the planet. The map of KBAs will provide one of the most important global tools for guiding conservation and development planning, helping to ensure the long-term persistence of significant biodiversity resources at both the national and regional scales. Sites need to be identified quickly, across many taxa, and KBA National Coordination Groups can help galvanize this process and raise the necessary funding to make it a reality. This will lay the framework for national groups to mobilize action to conserve these critical sites for biodiversity.

Por ejemplo, en Mozambique se estableció el Grupo Nacional de Coordinación de las KBA involucrando a miembros de los ministerios y departamentos responsables del medio ambiente, con el objetivo principal de reconocer a estos sitios en las políticas públicas nacionales. Dentro del gobierno de Mozambique, se han promovido las KBA como una herramienta que ayuda al país a desarrollar un plan nacional de conservación, y a establecer estrategias y metas. De manera similar, la alianza territorial Federal-Provincial de Canadá está desarrollando una ruta para alcanzar la Meta 11 de Aichi usando las KBA para apuntalar la expansión de su red de áreas protegidas (Capítulo 1).

El reconocimiento de las KBA dentro de la legislación nacional puede apoyar en la planeación de la conservación y el desarrollo priorizando los esfuerzos de conservación en las áreas de mayor importancia, previniendo impactos negativos en estos sitios de importancia mundial, y orientando a las empresas sobre cómo evitar las áreas biológicamente susceptibles. Hasta la fecha, no se ha elaborado un mapa exhaustivo que muestre los sitios más importantes para la biodiversidad en todo el planeta. Este mapa de las KBA proporcionaría una de las herramientas globales más importantes para dirigir la planeación de la conservación y el desarrollo, ayudando a asegurar la permanencia a largo plazo de los recursos de biodiversidad importantes a nivel nacional y regional. Es necesario identificar rápidamente estos sitios para muchos taxones, y los Grupos Nacionales de Coordinación de KBA pueden ayudar a impulsar este proceso y obtener los fondos que se necesitan para llevarlo a cabo. Esto establecerá el marco para que los grupos nacionales puedan llevar a cabo las acciones necesarias para conservar estos sitios que son críticos para la biodiversidad.

◁ *Nymphargus lasgralarias*
Las Gralarias glassfrog | Mindo, Pichincha, Ecuador ◆
Rana de cristal de Las Gralarias | Mindo, Pichincha, Ecuador
LUCAS BUSTAMANTE

Identifying Potential Sites for Designation Under International Conventions

Identificando los Sitios con Potencial de Designación Conforme a las Convenciones Internacionales

Zoltan Waliczky and Matt Foster

Out of the 11 global treaties dedicated to the conservation of biological biodiversity, the Ramsar Convention, the Convention on Migratory Species (CMS), the Convention on Biological Diversity (CBD), and the UNESCO World Heritage Convention all include measures for the conservation of the most important sites for biodiversity. Key Biodiversity Areas (KBAs) can contribute to the implementation of these four conventions by providing information on sites that meet specific convention criteria.

The Ramsar Convention provides a global framework for national action and international cooperation for the conservation and wise use of wetlands. One of the obligations of the Parties to the Convention is to designate their most significant wetlands as Ramsar Sites (Wetlands of International Importance). Currently, 1,164 of the 2,300 Ramsar Sites are KBAs. Given the close correspondence between several Ramsar and KBA criteria, many of the 6,000 other wetland KBAs could be considered candidate sites for Ramsar designation. In practice, many KBAs have already been mapped to Ramsar criteria to produce lists of "shadow Ramsar sites," and indeed several Ramsar Sites have been designated as a result of their recognition as KBAs (BirdLife International, 2001, 2002, 2005, 2008, 2014).

Of particular importance for the CMS, as well as for Ramsar, are those KBAs that are identified under KBA criterion D1 for aggregating

Los 11 tratados internacionales enfocados a la conservación de la biodiversidad, la Convención de Ramsar, la Convención sobre la Conservación de Especies Migratorias de Animales Silvestres (CMS, por sus siglas en inglés), el Convenio sobre la Diversidad Biológica (CBD, por sus siglas en inglés) y la Convención sobre el Patrimonio Mundial de la UNESCO, incluyen todos medidas para la conservación de los sitios más importantes para la biodiversidad. Las KBA, o Áreas Clave para la Biodiversidad, pueden contribuir a la implementación de estos convenios brindando información sobre los sitios que cumplen con los criterios específicos de las convenciones.

La Convención Ramsar proporciona un marco mundial para las acciones nacionales y la cooperación internacional en favor de la conservación y el buen uso de los humedales. Uno de los compromisos que tienen las Partes de la Convención es designar los humedales más importantes como Sitios Ramsar (humedales de importancia internacional). En la actualidad, 1,164 de los 2,300 sitios Ramsar también tienen designación KBA. Dada la estrecha relación que existe entre varios de los criterios Ramsar y los de KBA, muchos de los 6,000 humedales restantes que están identificados como KBA podrían ser candidatos para ser designados Sitios Ramsar. En la práctica, ya se han mapeado muchas KBA de acuerdo con los criterios Ramsar para generar listas de "sitios paralelos a Ramsar" y, de hecho, muchos de éstos han sido designados como tal debido a que ya eran KBA (BirdLife International, 2001, 2002, 2005, 2008, 2014).

Las KBA que han sido designadas bajo el criterio D1 sobre las variedades de aves congregatorias acuáticas y marinas son de particular importancia para la CMS y para Ramsar. En efecto, la CMS fomenta la identificación y conservación de sitios importantes para las especies

◁ Aerial view of Sierpe river and Terraba river delta, Corcovado National Park, Osa Peninsula, Costa Rica ◆ Vista aérea del delta del río Sierpe y río Térraba, Parque Nacional Corcovado, Península de Osa, Costa Rica
JUAN CARLOS MUÑOZ / NATUREPL.COM

waterbird and seabird species. Indeed, the CMS encourages the identification and conservation of important sites for migratory species, especially birds. Additionally, the CMS itself mentions the importance of supporting the World Database on KBAs, among other tools, to better understand the connectivity needs of sites important for migratory species.

The CBD is dedicated to promoting sustainable development through the conservation and sustainable use of biodiversity and the fair and equitable sharing of the benefits arising from the use of genetic resources. One objective of the strategic plan for the CBD is the conservation of "areas of particular importance for biodiversity," and given that identification of a KBA is recognition of a site's significance for biodiversity, KBAs can form a core set of areas that should be considered for conservation under countries' commitments.

In the marine realm, the CBD has recognized the importance of considering Ecologically or Biologically Significant Marine Areas (EBSAs), which are described using seven criteria, some of which closely match KBA criteria. Indeed, data on identified marine KBAs were fed into a series of regional workshops and processes for identifying EBSAs held between 2011–2016, resulting in the inclusion of 637 marine KBAs within 279 EBSA boundaries (Trathan and Lascelles, 2014; BirdLife International, 2018).

The World Heritage Convention is dedicated to protecting the most outstanding examples of natural and cultural heritage, beautifully illustrated in the book *Earth's Legacy: Natural World Heritage* (Kormos et al., 2015). National governments that are State Parties to the Convention propose sites for listing as World Heritage Sites and conserve these

△ **PREVIOUS PAGES** ◆ PÁGINAS ANTERIORES
Panthera tigris
Bengal tiger | Pench National Park, India ◆
Tigre de Bengala | Parque Nacional Pench, India
ART WOLFE

◁ *Aquila adalberti*
Spanish imperial eagle | Sierra Morena, Spain ◆
Águila imperial ibérica | Sierra Morena, España
ANDRE LABETAA / ALAMY STOCK PHOTO

migratorias, especialmente las aves. Además, la propia CMS resalta la importancia de apoyar la Base de Datos Mundial de KBA, entre otras herramientas, para así entender mejor las necesidades de conectividad de los sitios importantes para las especies migratorias.

El CBD se dedica a fomentar el desarrollo sustentable a través de la conservación y el uso sostenible de la biodiversidad, así como la distribución justa y equitativa de los beneficios que se derivan del uso de los recursos genéticos. Uno de los objetivos del plan estratégico del CBD es la conservación de las "zonas de particular importancia para la biodiversidad", y dado que la identificación KBA es el reconocimiento de la importancia que tiene un sitio para la diversidad biológica, estas áreas pueden formar un conjunto básico de zonas que debe ser tomado en cuenta dentro de los compromisos de conservación de los países.

En el mundo marino, el CBD ha reconocido la importancia de considerar las Áreas Marinas de Importancia Biológica o Ecológica (EBSA, por sus siglas en inglés). Estas áreas se definen bajo siete criterios, algunos de ellos muy parecidos a los criterios KBA. De hecho, la información sobre las KBA marinas ya identificadas se utilizó en una serie de talleres y procesos regionales que se llevaron a cabo entre el 2011 y el 2016 para identificar las EBSA, resultando en la incorporación de 637 KBA marinas dentro de 279 regiones EBSA (Trathan y Lascelles, 2014; Birdlife International, 2018).

La Convención sobre el Patrimonio Mundial se dedica a proteger los ejemplos más sobresalientes del patrimonio natural y cultural, los cuales están bellamente ilustrados en el libro *Legado de la Tierra: Patrimonio Mundial Natural* (Kormos et al., 2015). Los gobiernos de los países que son Estados Parte de la Convención proponen la inclusión de algunas de sus áreas dentro de la lista de Sitios del Patrimonio Mundial, para que éstos sitios puedan ser conservados junto con su patrimonio natural y cultural. No es de extrañar que los criterios KBA concuerden con algunos de los criterios de los sitios de Patrimonio Mundial Natural. Las KBA ofrecen una base para analizar los vacíos y omisiones en la Red del Patrimonio Mundial en términos de protección a la biodiversidad, apoyando a los Estados Parte de la Convención en la preparación y armonización de listas tentativas. Por ejemplo, en los inventarios nacionales de sitios que son candidatos, apoyan la priorización y preparación de las nominaciones, y a proporcionar un es-

Mycena sp. ▷
Bioluminescent fungi | Maliau Basin, Sabah's 'Lost World', Borneo ◆
Hongos bioluminiscentes | Cuenca de Maliau,
'Mundo Perdido' de Sabah, Borneo

NICK GARBUTT

sites, as well as their natural and cultural heritage. It is not surprising that KBA criteria align closely with some of the natural World Heritage Site criteria. KBAs provide a basis for gap analyses of the World Heritage network in terms of biodiversity coverage, can support parties to the Convention in the preparation and harmonization of tentative lists (i.e., national inventories of candidate sites) and the prioritization and preparation of nominations, and provide an independent standard for IUCN to evaluate the biodiversity values of nominations (Badman and Bertzky, 2014). It is, however, important to note that the core requirement under the World Heritage Convention for integrity, protection, and management may preclude the listing of many KBAs as World Heritage Sites. No less than 87% of the natural World Heritage Sites (i.e., those designated under natural criteria) overlap with identified KBAs, and this proportion is 80% for the mixed cultural-natural sites (Foster et al., 2010). More surprisingly, 19% of cultural World Heritage Sites also overlap with KBAs, suggesting that they may qualify for natural heritage as well as their recognized cultural value if proposed by State Parties.

Unfortunately, if a KBA is identified under one of these global agreements, that does not necessarily mean it is safeguarded. Many of the KBAs designated under the conventions are put on special lists to highlight their threatened status. For example, 16 of the 17 natural World Heritage Sites in Danger are also identified as KBAs. A major challenge for the future is to allocate sufficient resources to the full implementation of these conventions at the national level and to secure the adequate management of sites designated under them, to ensure effective conservation and management.

The significant overlap between KBA sites and KBA criteria and those of these major conventions is a step in the right direction. We still have a long way to go to achieve the conservation of KBAs worldwide, but one way to do this is to work more closely with these and other conventions that have biodiversity as part of their mandates.

tándar independiente para que la UICN pueda juzgar los valores de la biodiversidad de los sitios nominados (Badman y Bertzky, 2014). Sin embargo, es importante señalar que los requisitos básicos de integridad, protección y gestión que tiene la Convención sobre el Patrimonio Mundial podrían excluir a muchas KBA de la lista de Sitios de Patrimonio Mundial. No menos del 87% de los sitios de Patrimonio Mundial Natural que han sido designados bajo los criterios de sitios naturales, se traslapan con áreas identificadas como KBA, y hasta un 80% con los sitios mixtos naturales y culturales (Foster et al., 2010).

Es aún más sorprendente que el 19% de los sitios de Patrimonio Mundial Cultural también se traslapen con alguna KBA, lo que sugiere que estos podrían calificar tanto como patrimonio natural, como por su reconocido valor cultural si así lo propusieran los Estados Parte.

Desafortunadamente, el hecho de que una KBA esté identificada en el marco de alguno de estos tratados internacionales no necesariamente significa que esté resguardada. Muchas de las KBA designadas bajo estos tratados se colocan en listas especiales para enfatizar su condición de amenazados o en peligro. Por ejemplo, 16 de los 17 sitios naturales del Patrimonio Mundial que están en peligro también están identificados como KBA. Un desafío futuro será destinar los recursos suficientes para la implementación plena de éstas convenciones a nivel nacional y garantizar el manejo adecuado de los sitios designados bajo las mismas, para así poder asegurar su conservación y gestión efectiva.

La considerable superposición que existe entre los sitios y criterios KBA con los criterios de algunos de estos grandes convenios representa un paso en la dirección correcta. Todavía tenemos un largo camino por recorrer para lograr la conservación de todas las KBA a nivel mundial, y una forma de hacerlo es trabajando más de cerca con éstas y otras convenciones que consideran a la biodiversidad como parte importante de su misión.

◁ *Trigona* sp.
Stingless bees | Maliau Basin, Sabah's 'Lost World', Borneo ◆
Abejas sin aguijón | Cuenca de Maliau, 'Mundo Perdido' de Sabah, Borneo
NICK GARBUTT

4

Implementing and Monitoring Global Biodiversity Targets and Sustainable Development Goals

Implementando y Monitoreando los Objetivos de la Biodiversidad Global y las Metas del Desarrollo Sostenible

Konstantina Spiliopoulou, Thomas Brooks, Stuart H. M. Butchart, and Andrew J. Plumptre

Protected areas are one of the most important tools for tackling biodiversity loss. However, in order to deliver on this promise, they need to be located in the right places and managed effectively. Designation of new or expanded protected areas should target sites of particular significance for biodiversity to ensure that the world's species, ecosystems, and genetic diversity are safeguarded. Key Biodiversity Areas (KBAs) represent by far the largest global network of systematically identified sites of biodiversity significance. In KBAs that are largely or entirely covered by protected areas, species extinction risk has grown at significantly lower rates than in KBAs with little or no protected area coverage. (Butchart et al., 2012). This indicates that protecting KBAs would enhance the contribution of protected areas to reducing biodiversity loss. Thus, even though KBA identification is not a prescription for any given management scheme (e.g., protected areas), tracking the coverage of KBAs by protected areas would provide a valuable metric of the progress toward global biodiversity targets (Brooks et al., 2015).

The Strategic Plan for Biodiversity 2011-2020, adopted by the Parties to the Convention on Biological Diversity and the other biodiversity-related conventions in 2010, contains a set of 20 "Aichi Biodiversity Targets." As described in chapter 1, Aichi Target 11 aims to increase protected area coverage of land and sea, "…especially areas of particular importance for biodiversity…" However, there has been only moderate

Las áreas protegidas son unas de las herramientas más importantes para dar seguimiento a la pérdida de biodiversidad. Sin embargo, para cumplir este compromiso, las áreas deben estar ubicadas en el lugar correcto y ser manejadas de manera efectiva. La designación de áreas protegidas nuevas o extendidas debe estar dirigida a sitios de importancia especial para la biodiversidad y garantizar que las especies, ecosistemas y la diversidad genética de todo el mundo estén a salvo. Las Áreas Clave de Biodiversidad (KBA, por sus siglas en inglés) representan, por mucho, la red global más grande de sitios identificados sistemáticamente por su importancia para la biodiversidad. En las KBA que están parcial o totalmente cubiertas por áreas protegidas, el riesgo de extinción de especies ha crecido a un ritmo mucho menor que en las KBA que tienen poca o ninguna cobertura (Butchart et al., 2012). Esto indica que al proteger las KBA se contribuye a reducir la pérdida de la biodiversidad en estas áreas. Por tanto, aunque la identificación de las KBA no es un requisito para ningún plan de manejo (área protegida), el seguimiento de la cobertura dentro del esquema de áreas protegidas permite medir el avance hacia los objetivos de biodiversidad global (Brooks et al., 2015).

El Plan Estratégico para la Biodiversidad 2011-2020, adoptado por las Partes del Convenio sobre la Diversidad Biológica (CDB) y las otras convenciones del 2020 relacionadas a la biodiversidad, contiene el conjunto de las 20 "Metas de Aichi para la Diversidad Biológica". Como se describe en el Capítulo 1, la Meta 11 de Aichi busca incrementar la cobertura de áreas protegidas terrestres y marinas, "… especialmente en áreas de particular importancia para la biodiversidad…". Sin embargo, sólo se ha logrado un avance moderado en esta cobertura (IPBES 2019). El porcentaje promedio de cada KBA que actualmente está

◁ *Rafflesia pricei*
Rafflesia flower | Mount Kinabalu National Park, Sabah, Borneo ◆
Flor de Rafflesia | Parque Nacional Monte Kinabalu, Sabah, Borneo
FRANS LANTING

progress toward achieving this coverage (IPBES 2019). The mean percentage of each KBA now covered by protected areas is only 45.6% (see Figure 1), and this total increased by just 2.8% in the last decade, from 42.8% in 2010. Only 20% of all KBAs are now fully covered by protected areas (UN-SDGs 2019; United Nations 2019). Safeguarding KBAs also contributes to other Aichi Targets, for example by ameliorating the impacts of invasive alien species, pollution, and climate change, and in maintaining the delivery of ecosystem services to human society.

respaldada por alguna forma de área protegida es del 45.6% (ver Figura 1), y este total ha aumentado solamente en 2.8% durante la última década desde el 42.8% que había en 2010. Hoy en día, sólo el 20% de todas las KBA están totalmente cubiertas por áreas protegidas (UN-SDGs 2019; Naciones Unidas 2019). Salvaguardar las KBA también contribuye a otras Metas de Aichi, por ejemplo, a mitigar el impacto de especies exóticas invasoras; la contaminación, el cambio climático, y a preservar las aportaciones de los servicios ecosistémicos a la sociedad humana.

Mean percentage of KBA area coverage by protected areas, 1980 to 2018.

Porcentaje promedio de extensiones de KBA cubiertas por alguna forma de área protegida, de 1980 a 2018.

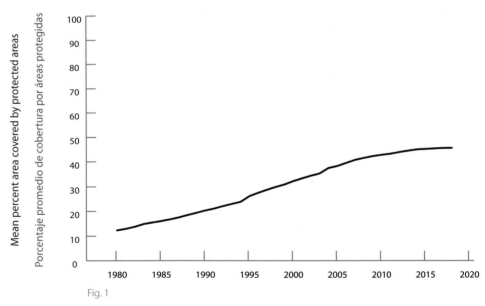

Fig. 1

Protecting KBAs will also help support other policy processes and multilateral environmental agreements (see Chapter 3). For example, there is a high degree of overlap between KBAs and sites meeting criteria for natural World Heritage status (Foster et al., 2010), Wetlands of International Importance identified under the Ramsar Convention (Waliczky et al., 2018), and Ecologically or Biologically Significant Areas in the marine environment, described under the Convention on Biological Diversity (Lascelles et al., 2012).

The 17 UN Sustainable Development Goals (SDGs) and their 169 targets reflect the broadest societal commitment to sustainability to date. The degree to which KBAs are covered by protected areas is used as an indicator to track progress for three of the targets (relating to conservation of important sites for biodiversity in marine, terrestrial/freshwater, and mountain systems). In 2018, the mean protected area coverage of KBAs was 44% for marine sites, 43.5% for freshwater KBAs, 46.6% for terrestrial KBAs, and 48% for mountain KBAs (United Nations 2018).

The overall vision of the Convention on Biological Diversity is that "by 2050, biodiversity is valued, conserved, restored and wisely used, maintaining ecosystem services, sustaining a healthy planet and delivering benefits essential for all people". While tracking the coverage of KBAs by protected areas is a valuable indicator, it does not actually offer any direct information about the effectiveness of protection or its consequences for the state of biodiversity. As the Aichi Targets are time-bound and end in 2020, there is an important opportunity to ensure that KBAs play a key role in the post-2020 biodiversity agenda. For example, a new target for site-based conservation may be more effective if it focuses on the biodiversity outcomes that protected and conserved areas are intended to deliver. As this will be more difficult to monitor, it is therefore essential to establish systematic monitoring across all KBAs, to track the effectiveness of management regimes (Visconti et al., 2019). Safeguarding KBAs will doubtless also contribute to a range of other targets in the post-2020 biodiversity framework. In the

◁ *Drepanis coccinea*
'I'iwi or scarlet honeycreeper | Maui, Hawaii, USA ◆
'I'íwi o honeycreeper escarlata | Maui, Hawái, EUA
DUBI SHAPIRO

La protección de las KBA también ayudará a apoyar otros procesos de políticas y acuerdos ambientales multilaterales (ver Capítulo 3). Por ejemplo, hay un alto grado de traslape entre las KBA y los sitios que cumplen con los criterios del Patrimonio Mundial Natural (Foster et al., 2010); los Humedales de Importancia International reconocidos en el Convenio Ramsar (Waliczky et al., 2018), y las Áreas Ecológicas o Biológicamente Importantes del entorno marino descritos en el Convenio sobre la Diversidad Biológica (Lascelles et al., 2012).

A la fecha, las 17 metas para el Desarrollo Sostenible de la ONU (SDG, por sus siglas en inglés) y sus 169 objetivos muestran el compromiso social más grande que se haya tenido con la sostenibilidad. El grado en que las KBA se encuentran cubiertas por áreas protegidas se usa como indicador para dar seguimiento al avance en tres de los objetivos relacionados con la conservación de sitios importantes para la biodiversidad en sistemas marinos, terrestres, de agua dulce, y montañosos. En el 2018, la cobertura promedio de zonas KBA era del 44% para sitios marinos, 43.5% para KBA de agua dulce, 46.6% para KBA terrestres, y 48% para KBA montañosas (Naciones Unidas 2018).

La visión general del Convenio sobre la Diversidad Biológica es que "para el año 2020, la biodiversidad se valore, conserve, restaure y se use de manera inteligente, manteniendo los servicios de los ecosistemas, sosteniendo un planeta saludable, y proporcionando los beneficios esenciales para todas las personas". Aunque el seguimiento de las KBA cubiertas por áreas protegidas es un indicador valioso, en realidad no ofrece información directa sobre qué tan efectiva es la protección, o sobre las consecuencias para la biodiversidad. Debido a que las Metas de Aichi tienen restricciones de tiempo y terminan en el 2020, existe una oportunidad importante para garantizar que las KBA jueguen un papel clave en la agenda para la biodiversidad Post-2020. Por ejemplo, un objetivo nuevo basado en la conservación de sitio puede ser más efectivo si se enfoca en los resultados de biodiversidad que pretenden aportar las áreas protegidas o conservadas. Debido a que esto va a ser más difícil de supervisar, entonces es esencial establecer un monitoreo sistemático en todas las KBA para dar seguimiento a la efectividad de los regímenes de gestión (Visconti et al., 2019). Sin duda alguna, salvaguardar las KBA también contribuye con diversos objetivos para la biodiversidad en el marco Post-2020. En el futuro, las KBA representarán más a menudo, no sólo los sitios más valiosos para la biodiversidad,

◁ *Senecio palmeri*
Guadalupe Island Senecio | Guadalupe Island, Mexico ◆
Senecio de Isla Guadalupe | Isla Guadalupe, México
CLAUDIO CONTRERAS KOOB

future, KBAs will increasingly represent not only the most valuable sites for biodiversity, but also an important network to enable periodic reporting on the true state of biodiversity around the world.

sino que también serán una importante red que permita hacer evaluaciones periódicas sobre el estado real que guarda la biodiversidad alrededor del mundo.

This project has received funding from the European Union's Horizon 2020 research and innovation programme under the Marie Skłodowska-Curie grant agreement No 766417.

Este proyecto ha sido financiado en parte por el programa de investigación e innovación Horizonte 2020 de la Unión Europea, bajo el acuerdo de subvención Marie Sklodowska-Curie No. 766417.

Eleutherodactylus nortoni ▷
Spiny green frog | Massif de la Hotte, Haiti ◆
Rana verde espinosa | Macizo de la Hotte, Haití
CLAUDIO CONTRERAS KOOB

FOLLOWING PAGES ◆ PÁGINAS SIGUIENTES ▽
Camargue Wetlands, France ◆ Humedales de Camarga, Francia
THEO ALLOFS / WILD WONDERS OF EUROPE

Megaptera novaeangliae ▷
Humpback whale with calf | Kingdom of Tonga, South Pacific Ocean ◆
Ballena jorobada con ballenato | Reino de Tonga, Sur del Océano Pacífico
DOUG PERRINE

FOLLOWING PAGES ◆ PÁGINAS SIGUIENTES ▽
Aptenodytes patagonicus
King penguins | South Georgia ◆
Pingüinos rey | Georgia del Sur
PAUL NICKLEN / SEALEGACY

Allocating Conservation Funding: A View from KBA Partners

Destinando Fondos para la Conservación: Visión de los Aliados de las Áreas Clave para la Biodiversidad

Andrew W. Tordoff, Mark Zimsky, and Karl Didier

Biodiversity-related aid averages around $8.7 billion per year, representing about 6% of official development assistance (OECD 2015), according to the OECD Development Assistance Committee. Significant amounts of biodiversity funding are also provided to developing countries by private sources, such as philanthropic foundations and non-governmental organizations. Even with these significant sums, protected areas and other site-based conservation measures face major funding shortfalls. Protecting and effectively managing all terrestrial sites of global conservation significance is estimated to cost more than $76 billion per year (McCarthy et al., 2012). It is thus essential that the limited funds available for conservation are targeted toward the highest priorities.

KBAs are useful to conservation funders for a number of reasons. They are identified according to a global standard (IUCN 2016) recognized by the world's leading conservation organizations, so funders do not have to decide among competing systems for setting conservation priorities at the site level. The information on the criteria and thresholds used to identify KBAs helps funders to understand for which biodiversity features (species, ecosystem, etc.) they are important, determine whether proposed conservation interventions are appropriate, and suggest measures of impact. KBAs are identified through a bottom-up process, meaning that funders can be confident that these

De acuerdo con el Comité de Ayuda para el Desarrollo de la OCDE, los fondos de ayuda destinados a la biodiversidad promedian alrededor de $8,700 millones de dólares anuales (OCDE 2015), que representan cerca del 6% de la ayuda oficial para el desarrollo. Fuentes privadas, como fundaciones filantrópicas y organizaciones no-gubernamentales, también aportan grandes sumas para apoyar la biodiversidad de los países en desarrollo. Aún con estas importantes cantidades, las medidas de conservación para áreas protegidas y otros programas basados en sitios enfrentan grandes carencias de financiamiento. Se estima que, a nivel global, proteger y gestionar de manera efectiva todos los sitios terrestres importantes para la conservación puede costar más de $76 mil millones de dólares al año (McCarthy et al., 2012), por lo que resulta esencial que los limitados fondos que están disponibles para la conservación sean aplicados en las prioridades más altas.

Para los financiadores, las KBA son útiles por diversas razones: se identifican siguiendo un estándar reconocido por las principales organizaciones mundiales de conservación (UICN 2016), por lo que los proveedores de fondos no tienen que decidir entre sistemas que compiten entre sí para establecer prioridades a nivel de sitio. La información sobre los criterios y umbrales utilizados para identificar las KBA ayudan a los financiadores a comprender para cuáles grupos de biodiversidad (especies, ecosistemas, etc.) resulta importante su apoyo, pues les permite determinar si las propuestas de intervención para la conservación son apropiadas, y además les sugiere su alcance. Las KBA se identifican a través de un proceso ascendente, lo que significa que los financiadores pueden tener la seguridad de que estas prioridades provienen de las partes interesadas de ONG, de la academia, del gobierno y de otros grupos de interés importantes.

◁ *Nephila sumptuosa*
Orb-weaver spider | Socotra, Yemen ◆
Araña de tela dorada | Socotra, Yemen

priorities have ownership of stakeholders from NGOs, academia, government, and other key constituencies.

Funders interested in avoiding global species extinction, the most irreversible form of biodiversity loss, can be confident that interventions in KBAs will contribute to the goal of biodiversity persistence. Because KBAs can be identified in any marine, freshwater, or terrestrial biome, funders can use them to select investments and evaluate their impact in a consistent way across the world. Finally, more than 16,000 KBAs have already been identified across the globe, meaning that, while there is always a need to update and refine them, KBA data are available for use immediately.

The Critical Ecosystem Partnership Fund (CEPF)—a joint initiative of l'Agence Française de Développement, Conservation International, the European Union, the Global Environment Facility (GEF), the Government of Japan, and the World Bank—has been using KBAs as the lens for selecting geographic priorities almost since its inception in 2000. CEPF empowers civil society in developing countries and transitional economies to protect the world's biodiversity hotspots and has provided grants totaling more than US$232 million to over 2,300 civil society organizations and individuals. Among other things, these grants have resulted in strengthened management and protection of 46.5 million hectares of KBAs (an area the size of Sweden). Before investing in a biodiversity hotspot, CEPF prepares an "ecosystem profile": a shared analysis and investment strategy, prepared with hundreds of stakeholders, which includes identifying KBAs in the hotspot. To date, about one-third of the world's 16,000 KBAs have been identified through these ecosystem profiling processes.

Los financiadores interesados en evitar la extinción global de las especies, que es la forma más grave de pérdida de la biodiversidad, pueden tener la certeza de que sus intervenciones en las KBA van a contribuir a lograr la permanencia de la biodiversidad. Debido a que se pueden identificar KBA en cualquier bioma marino, de agua duce o terrestre, los proveedores de fondos pueden usarlas para elegir en cuáles invertir y evaluar el impacto de manera consistente en todo el planeta. Finalmente, ya se han identificado más de 16,000 KBA alrededor del mundo y a pesar de que siempre es necesario actualizarlas y detallarlas, la información sobre estas áreas está disponible para su uso inmediato.

El Fondo de Alianzas para los Ecosistemas Críticos (CEPF, por sus siglas en inglés), una iniciativa conjunta entre la Agencia Francesa de Desarrollo, Conservación International, la Unión Europea, el Fondo Mundial para el Medio Ambiente (GEF, por sus siglas en inglés), el gobierno de Japón y el Banco Mundial, han estado utilizando las KBA como un filtro para elegir prioridades geográficas casi desde sus inicios en el año 2000. La CEPF empodera a la sociedad civil de los países en desarrollo y las economías en transición para que puedan proteger los *hotspots* de biodiversidad más susceptibles a nivel mundial, y ha aportado subsidios por más de $232 millones de dólares a más de 2,300 organizaciones e individuos. Entre otras cosas, estos subsidios han reforzado la gestión y protección de 46.5 millones de hectáreas de KBA (una superficie del tamaño de Suecia). Antes de invertir en un *hotspot* de biodiversidad, el CEPF elabora un "perfil del ecosistema" que consiste en un análisis común y una estrategia de inversión preparados por cientos de interesados, que incluye la identificación de las KBA en el área de interés. A la fecha, casi un tercio de las 16,000 KBA del mundo han sido detallados a través de estos procesos de caracterización de los ecosistemas.

Otro financiador que ha adoptado las KBA es el Fondo Mundial para el Medio Ambiente (GEF, por sus siglas en inglés), una alianza que aborda temas ambientales y que está constituida por 183 países, instituciones internacionales, organizaciones de la sociedad civil y de la iniciativa privada. Es probable que uno de los logros más importantes de la GEF, desde sus inicios en 1992, sea su apoyo al establecimiento y gestión de los sistemas de áreas protegidas, zonas de mitigación asociadas y corredores biológicos, lo que representa una sólida inversión en la conservación y uso sustentable de la biodiversidad, al mismo tiempo que proporciona otros beneficios socio-económicos y ambienta-

Bothrocophias campbelli ▷
Ecuadorian toadheaded viper | Mindo, Pichincha, Ecuador ◆
Víbora boca de sapo de Ecuador | Mindo, Pichincha, Ecuador
LUCAS BUSTAMANTE

Another conservation funder to adopt KBAs is the Global Environment Facility (GEF), an international partnership of 183 countries, international institutions, civil society organizations, and the private sector that addresses global environmental issues. Support for the establishment and management of protected area systems and associated buffer zones and biological corridors has arguably been one of GEF's greatest achievements since its establishment in 1992, representing a sound investment in biodiversity conservation and sustainable use, while also providing significant additional socio-economic and environmental benefits to people. Beginning in 2010, new protected areas established with GEF support must be globally significant/important as defined by the KBA Standard. The GEF will continue to support investments to increase the representation of globally significant terrestrial and inland water, coastal and marine ecosystems in protected area systems meeting the KBA Standard.

Rainforest Trust, a US-based not-for-profit organization that works to create protected areas around the world, also uses KBAs to guide its conservation investments. Rainforest Trust supports and works in partnership with local civil society organizations to enable these organizations to directly purchase land for conservation purposes, designate nationally recognized protected areas, or give title to indigenous or community groups to manage land. When evaluating projects proposed by potential partner organizations, Rainforest Trust considers whether proposed protected areas are within existing KBAs or would likely qualify as a KBA for highly threatened species (Critically Endangered or Endangered). Rainforest Trust also proactively identifies locations for new projects using the World Database of KBAs, together with other key metrics. Additional considerations include the feasibility or cost of creating protected areas and the existence of a strong local partner with the capacity to create and manage these areas.

These funders have all demonstrated the utility of KBAs for allocating conservation funding, and together with the other KBA Partners and the many national and local organizations that also use KBAs to guide their conservation investments, hope that other conservation funders will follow their example.

les a la población. De acuerdo al estándar de las KBA, a partir del 2010 todas las nuevas áreas protegidas establecidas con el apoyo del GEF deberán ser de relevancia mundial. El GEF continuará apoyando las inversiones en áreas que cumplan los estándares de las KBA para ecosistemas terrestres, marinos, costeros y de agua dulce, para incrementar así su representatividad a nivel mundial.

La Fundación Rainforest, una organización sin fines de lucro con base en los Estados Unidos y que trabaja para la creación de áreas protegidas alrededor del mundo, también utiliza las KBA para dirigir sus inversiones en conservación. La Fundación Rainforest apoya y trabaja en alianza con organizaciones locales de la sociedad civil, permitiendo que estos grupos adquieran directamente terrenos con propósitos de conservación; designen áreas protegidas reconocidas a nivel nacional, o en su caso, que otorguen titularidad a las comunidades o a los pueblos originarios para manejar la tierra. Al evaluar los proyectos que proponen organizaciones potencialmente aliadas, la Fundación Rainforest toma en consideración si las áreas que se propone proteger están dentro de las KBA existentes, o si tienen posibilidades de calificar como KBA para especies altamente amenazadas (en peligro o en peligro crítico). La Fundación Rainforest también identifica de manera proactiva la ubicación de nuevos proyectos usando las Base de Datos Mundial de KBA junto con otros parámetros críticos. Otras consideraciones incluyen la viabilidad o los costos de crear áreas protegidas y la existencia de un aliado local fuerte que tenga la capacidad de crear y manejar las áreas.

Todos estos financiadores han confirmado la utilidad de las KBA para destinar sus fondos a la conservación, y junto con otros aliados y un gran número de organizaciones nacionales y locales que también usan las Áreas Clave de Biodiversidad para destinar sus inversiones en pro de la conservación, esperan que los nuevos proveedores de fondos sigan su ejemplo.

Eichhornia sp. ▷
Water hyacinth | Pantanal, Mato Gross do Sul, Brazil ♦
Jacinto de agua | Pantanal, Mato Gross do Sul, Brasil
MICHEL ROGGO / NATUREPL.COM

△ PREVIOUS PAGES ◆ PÁGINAS ANTERIORES
Saiga tatarica
Saiga antelope with calves |
Cherniye Zemli Nature Reserve, Kalmykia, Russia ◆
Antílope saiga con crías | Reserva Natural Cherniye Zemli, Kalmykia, Rusia
IGOR SHPILENOK / WILD WONDERS OF EUROPE

◁ *Procyon pygmaeus*
Pygmy raccoon | Cozumel Island, Mexico ◆
Mapache pigmeo | Isla Cozumel, México
CLAUDIO CONTRERAS KOOB

▽ FOLLOWING PAGES ◆ PÁGINAS SIGUIENTES
Equus quagga burchellii, Oryx gazella, Tragelaphus strepsiceros
and *Antidorcas marsupialis*
Burchell's zebra, gemsbok, greater kudu, and springbok |
Etosha National Park, Namibia ◆
Cebra de Burchell, órix del Cabo, kudú mayor y gacela saltarina |
Parque Nacional Etosha, Namibia
ART WOLFE

Avoiding Extinction in KBAs: Alliance for Zero Extinction Sites

Evitando la Extinción en las KBA: Sitios de la Alianza para la Extinción Cero

Amy Upgren, Andy Plumptre, Zoltan Waliczky, John Lamoreux, and Stesha Pasachnik

If all KBAs were identified, mapped, and effectively conserved, it would go a long way toward halting the extinction of species and ecosystems, achieving one of the key targets of the Convention on Biological Diversity. Of the more than 16,000 KBAs that have been identified globally, a small subset holds some of the most imperiled species on Earth and warrants special attention. These sites, known as Alliance for Zero Extinction (AZE) sites, hold the last remaining populations of species that are listed as Endangered or Critically Endangered. If any one of these sites is lost or destroyed due to habitat degradation, fires, or other causes, a species extinction will result, and life on Earth will be poorer and less resilient.

To date, 853 AZE sites have been identified by more than 100 organizations and experts that form the Alliance for Zero Extinction. These sites, comprising just over 5% of all KBAs, are home to almost 1,500 highly threatened species occurring nowhere else in the world. These species include many different kinds of plants and animals, but the main groups are amphibians, mammals, and birds.

AZE sites are heavily concentrated in tropical areas. Within this broad geography, most AZE sites are found in mountain ranges and on islands where environmental conditions have been favorable to the development of unique life forms. While it is not surprising that tropical

Si se pudieran identificar, mapear y conservar de manera efectiva todas las KBA, se estaría dando un gran paso para detener la extinción de especies y ecosistemas, alcanzando así uno de los objetivos esenciales del Convenio sobre la Diversidad Biológica. De las más de 16,000 KBA que han sido identificadas a nivel mundial, un pequeño subconjunto de ellas alberga algunas de las especies que están en mayor peligro de extinción en la Tierra, por lo que merecen especial atención. En estos sitios, conocidos como sitios de la Alianza para la Extinción Cero (AZE, por sus siglas en inglés), habitan las últimas poblaciones de grupos catalogados como especies en Peligro o en Peligro Crítico. Si alguno de estos sitios desaparece o es destruido como consecuencia de la degradación del hábitat, por incendios o por otras causas, las especies que ahí habitan se extinguirán y la vida en la Tierra será más pobre y menos resiliente.

A la fecha, más de 100 organizaciones y expertos que forman la Alianza para la Extinción Cero han identificado 853 sitios AZE. Estos sitios, que comprenden un poco más del 5% de todas las KBA, albergan a casi 1,500 especies altamente amenazadas, y que no existen en ningún otro lugar del planeta. Entre estas se encuentran muchos tipos de plantas y animales, aunque los principales grupos son anfibios, mamíferos y aves.

Los sitios AZE están principalmente concentrados en zonas tropicales. Dentro de esta extensa geografía, la mayoría de estos sitios se encuentran en cadenas montañosas o islas donde las condiciones ambientales han sido favorables para el desarrollo de formas singulares de vida. Mientras que no sorprende que las especies de las islas tropicales, como el pinzón manglero, únicamente se pueden encontrar en la Isla Isabela de las Galápagos, también existen numerosos sitios AZE

◁ *Pseudonestor xanthophrys*
**Kiwikiu or Maui Parrotbill | Hanawi Natural Area Reserve,
Maui, Hawaii, USA** ◆
Pico de loro de Maui | Reserva Natural de Hanawi, Hawái, EUA
ERIC VANDERWERF

Alliance for Zero Extinction sites,
the most irreplaceable subset
of Key Biodiversity Areas

Sitios identificados por la Alianza
sobre la Extinción Cero:
subconjunto de KBA consideradas
como altamente irreemplazables

island species such as the Mangrove Finch are confined to Isabela Island in the Galapagos, there are also a number of temperate AZE sites. Massis del Montseny Natural Park, Spain, for example, is home to the Montseny Brook Newt (*Calotriton arnoldi*), which lives in mountain streams. AZE species face an uncertain future due to their tiny distributions, where a single event, such as a severe drought in the case of the Montseny Brook Newt, can wipe them out. Indeed, storm surge in conjunction with sea-level rise is thought to have eliminated the Bramble Cay Melomys (*Melomys rubicola*), a small mouse, from a 5-ha island off mainland Australia. However, not all such events are climatic in nature. De Winton's Golden Mole (*Cryptochloris wintoni*) is known from Port Nolloth, South Africa, but has not been seen for more than 50 years and might have disappeared due to habitat destruction from diamond mining. Yet, the secretive nature and difficulty of trapping golden moles leaves the possibility that this species still exists, making Port Nolloth an AZE site.

Prevention of extinction at AZE sites can be achieved through rapid and intensive conservation actions, such as the creation of well-managed protected areas, habitat restoration, or species-specific management efforts. Targeted actions can produce spectacular results in a relatively short term. For example, between 2010 and 2018, 32 of the more than 150 species (20%) that previously led to the identification of AZE sites were removed as AZE triggers due to applied conservation action, including assisted translocation to additional sites. In nearly all cases, sites removed from the AZE list will still be KBAs because they hold globally threatened species occurring at more than one site and/or species that are geographically restricted on a global scale.

△ PREVIOUS PAGES ◆ PÁGINAS ANTERIORES
Cyclura collei
Jamaican iguana | Jamaica ◆
Iguana de Jamaica | Jamaica
ROBIN MOORE

◁ *Lemur catta*
Ring-tailed lemurs | Madagascar ◆
Lémures de cola anillada | Madagascar
DAVID HOSKING / FLPA / NATURE IN STOCK

en climas templados. Prueba de ello es el parque natural en el Macizo del Montseny en España, en donde el tritón del Montseny (*Calotriton arnoldi*) vive en los arroyos de las montañas. Las especies AZE enfrentan un futuro incierto ya que están distribuidas en áreas muy pequeñas y una sola contingencia las podría hacer desaparecer, como por ejemplo una sequía severa en el caso del tritón del Montseny. De hecho, se cree que la marea causada por tormentas intensas junto con la crecida del mar acabó con el melomy de Bramble Cay (*Melomys Rubicola*), un pequeño roedor que anteriormente habitaba en la isla de 5 hectáreas cerca de la costa Australiana. Sin embargo, no todas estas catástrofes son de naturaleza climática. Un ejemplo de esto es el topo dorado de De Winton (*Cryptochloris wintoni*) de Port Nolloth, en Sudáfrica, que no ha sido visto desde hace más de 50 años, y que posiblemente desapareció debido a la destrucción de su hábitat provocada por la extracción de diamantes. Aun así, la naturaleza sigilosa de estos topos y la dificultad para atraparlos deja abierta la posibilidad de que esta especie todavía exista, lo que convertiría a Port Nolloth en un sitio AZE.

Se puede prevenir la extinción en los sitios AZE mediante acciones de conservación rápidas e intensivas, como la creación de áreas protegidas bien gestionadas, la restauración de hábitats o iniciativas de gestión para especies específicas. Las acciones focalizadas pueden dar resultados espectaculares en plazos relativamente cortos. Por ejemplo, entre el 2010 y 2018, 32 de las más de 150 especies (20%) que ameritaron la identificación de sitios AZE dejaron de ser consideradas como "especies activadoras" AZE debido a las medidas de conservación que se aplicaron, incluyendo la translocación asistida a sitios limítrofes. En casi todos estos casos, los sitios eliminados de la lista AZE seguirán siendo considerados KBA pues albergan especies amenazadas a nivel global que se pueden encontrar en más de un sitio, así como especies geográficamente restringidas a escala global.

Un ejemplo de esto es la Iguana de Jamaica (*Cyclura collei*), que en los años 40 se consideró extinta como resultado de la conversión de su hábitat y la introducción de la mangosta de la India y otras especies invasoras. Sin embargo, en los años 90, Edwin Duffus redescubrió la especie en las colinas de Hellshire, lo que llevó a la rápida creación del Programa de Recuperación de la Iguana de Jamaica (JIRG, por sus siglas en inglés) para proteger la especie. Por casi 30 años, el JIRG ha trabajado arduamente para desarrollar una población estable en las Colinas

◁ *Parnassius apollo*
Apollo butterfly | Fliess, Naturpark Kaunergrat, Tirol, Austria ◆
Mariposa Apolo | Fliess, Parque Natural Kaunergrat, Tirol, Austria
NIALL BENVIE / WILD WONDERS OF EUROPE

One such example is the Jamaican Iguana (*Cyclura collei*), which was considered extinct by the 1940s as a result of habitat conversion and the introduction of the Indian mongoose and other invasive species. In the 1990s, however, the species was rediscovered within the Hellshire Hills by Edwin Duffus, and the Jamaican Iguana Recovery Group (JIRG) was quickly formed to protect the species. For nearly 30 years, the JIRG has worked hard to build a stable population in the Hellshire Hills through a diverse set of actions. In 2013, the Jamaican government embraced these efforts. The area in Hellshire Hills managed for the protection of the iguana is being expanded, and the Goat Islands off the southern shore of Jamaica are being considered as a reintroduction site. If this reintroduction is successful, Hellshire Hills will no longer be an AZE site, as it will no longer hold the only population of this threatened species, but it will still qualify as a KBA. Another example is the Kiwikiu, or Maui Parrotbill (*Pseudonestor xanthophrys*), a Hawaiian honeycreeper that has declined to fewer than 312 individuals at one site in the wild. In late 2019, four conservation partners began a translocation project to create a second population for the species. If successful, this species will be known from two sites and will no longer qualify as an AZE trigger species. Indeed, many AZE sites also meet other KBA criteria, making them essential for the persistence of more widespread species as well.

There are some sites that contain the only known populations of a number of highly threatened species and are likely to remain AZE sites for some time to come. For example, Sierra de Juárez in Oaxaca, Mexico, is an AZE site triggered by 27 species of amphibians, mammals, and cycads. Massif de la Hotte in Haiti holds more than 14 Critically Endangered and Endangered amphibian species found nowhere else. Rapidly scaling up conservation action at these and other AZE sites is necessary to avoid extinction. Efforts such as the recent creation of a private protected area at Gran Bois in the Massif de la Hotte (Chapter 1) is a much-needed step in the right direction.

de Hellshire utilizando diversas medidas. En 2013, el gobierno de Jamaica se adhirió a la iniciativa, ampliando el área gestionada para la protección de la iguana en Hellshire Hills y ya se está considerando a las Islas Goat, ubicadas frente a la costa sur de Jamaica, como sitio para su reintroducción. Si este esfuerzo tiene éxito, Hellshire Hills dejaría de ser un sitio AZE pues ya no sería el único lugar que alberga población de esta especie amenazada, pero sí podría ser clasificado como KBA. Otro ejemplo es el kiwikiu o la cotorra de Maui (*Pseudonestor xanthophrys*), un mielero cuya población se ha reducido a menos de 312 ejemplares en un sitio silvestre único. A finales del 2019, cuatro aliados para la conservación iniciaron un proyecto de translocación para crear una segunda población de la especie. Si este proyecto es exitoso, la especie será reconocida en dos sitios y ya no calificará como especie activadora de un sitio AZE. De hecho, muchos sitios AZE también reúnen otros criterios KBA, lo que los hace igualmente esenciales para la persistencia de especies que tienen una distribución más extensa.

Existen sitios que albergan a la única población conocida de varias especies altamente amenazadas, y que probablemente continúen siendo sitios AZE por mucho tiempo. Ejemplo de esto es la Sierra de Juárez en Oaxaca, México, un sitio AZE activado por 27 especies de anfibios, mamíferos y cícadas. El Macizo de la Hotte, en Haití, alberga a más de 20 especies que están En Peligro o en Peligro Crítico y que no se pueden encontrar en ningún otro lugar. Es necesario incrementar rápidamente las medidas de conservación en estos y otros sitios AZE para evitar su extinción. Iniciativas como la reciente creación de un área protegida privada en Gran Bois, en el Macizo de la Hotte (ver Capítulo 1), constituye un paso muy necesario en la dirección correcta.

7

Informing Safeguards Policies and Environmental Risk Management

Formulación de Políticas de Salvaguarda y la Gestión de Riesgos Ambientales

Giulia Carbone, Wendy Elliott, and Eugenie Regan

Key Biodiversity Areas (KBAs) often include commercially productive areas, such as cultivated areas, managed forests, fisheries, and mineral sites. Businesses operating in and around, or sourcing from, KBAs share the responsibility of maintaining the important biodiversity values for which the sites have been identified. By focusing their efforts on reducing impacts and strengthening conservation and restoration, businesses can tangibly contribute toward stemming the decline of biodiversity in the places on the planet that matter most for nature. Early consideration of KBAs, with the support of the global KBA Standard and the World Database of Key Biodiversity Areas, enables business decision-makers to understand the risks associated with their projects and make informed choices about the mitigation measures to be implemented.

The KBA Standard has been adopted by many financial institutions that fund business operations in key habitats, informing definitions of critical habitat or areas of high biodiversity value in their safeguards standards. The International Finance Corporation's Performance Standard 6 – Biodiversity Conservation and Sustainable Management of Living Natural Resources (IFC PS6) is a recognized global benchmark for corporate good practice in relation to biodiversity. PS6 has particularly

A menudo, las Áreas Clave de Biodiversidad (KBA, por sus siglas en inglés) incluyen espacios comercialmente productivos, como terrenos de cultivo, bosques manejados o explotaciones mineras. Las empresas que operan dentro y alrededor de estas KBA, o que obtienen recursos de ellas, comparten la responsabilidad de conservar los valores de biodiversidad que las caracterizan como áreas clave. Al enfocar sus esfuerzos para reducir los impactos y reforzar la conservación y restauración, las empresas pueden contribuir de manera tangible a frenar la reducción de la biodiversidad en los lugares que son más importantes para el medio natural. Una revisión oportuna de las KBA, apoyada en los estándares globales KBA así como en la Base de Datos Mundial de Áreas Clave de Biodiversidad, les permite a los líderes empresariales comprender los riesgos asociados a sus proyectos y tomar decisiones informadas sobre las medidas de mitigación que deberán de implementarse.

Los Estándares KBA han sido adoptados por muchas instituciones financieras que costean emprendimientos en hábitats clave. En los estándares de salvaguarda se informa sobre las características de los hábitats críticos o de las áreas de alto valor en biodiversidad. La Norma de Desempeño 6 – Conservación de la Biodiversidad y Gestión Sustentable de los Recursos Naturales Vivos (IFC PS6, por sus siglas en inglés) de la Corporación Financiera Internacional (IFC, por sus siglas en inglés) es un referente reconocido mundialmente de buenas prácticas relativas a la biodiversidad. La PS6 tiene requisitos especialmente estrictos para los clientes en el contexto de hábitats críticos, basados en los criterios derivados de los límites numéricos de los estándares KBA a nivel global (IFC 2018). La IFC PS6 también reconoce que se debe dar atención especial a las KBA durante las evaluaciones, siempre y cuando

◁ *Lycorea* sp.
Brush-footed butterfly larva with parasitic wasps eggs |
Yasuni National Park, Orellana, Ecuador ◆
Larva de mariposa patas de cepillo con huevos de avispa parásitos |
Parque Nacional Yasuni, Orellana, Ecuador
LUCAS BUSTAMANTE

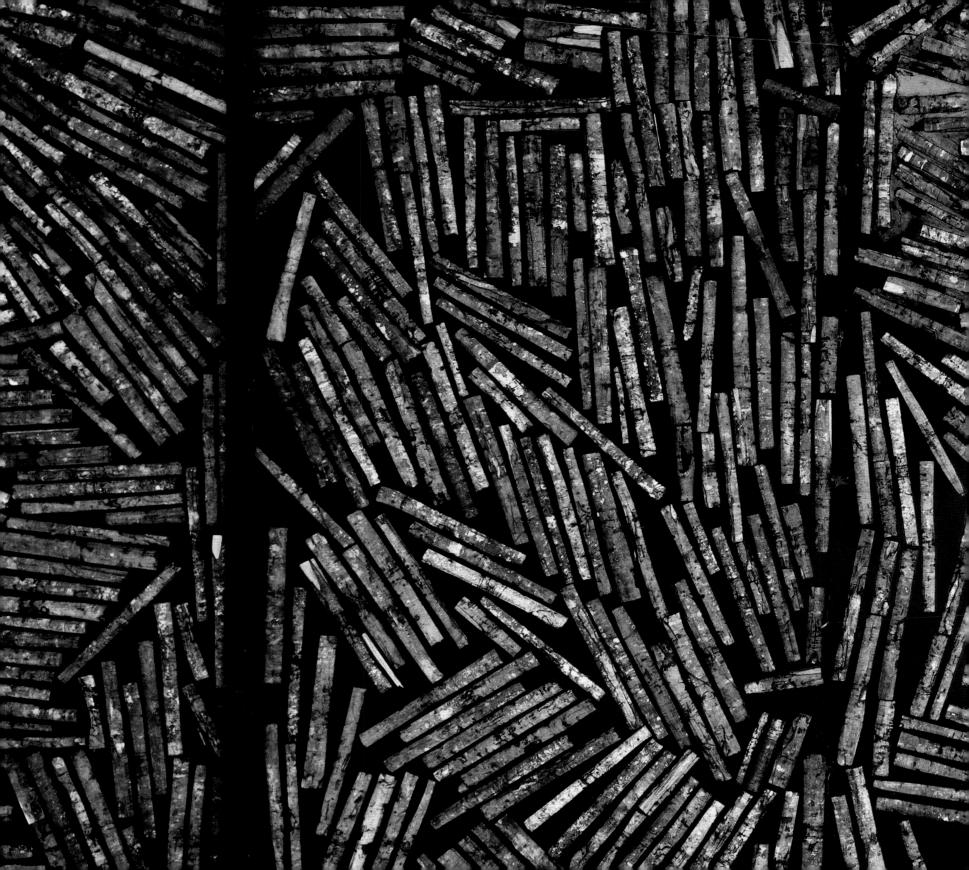

stringent client requirements in the context of critical habitats, based on criteria derived from numerical thresholds in the global KBA standards (IFC 2018). IFC PS6 also recognizes that KBAs should be given special attention during assessments, as long as they meet the criteria and thresholds established by the IFC. Other finance sector performance standards, including the World Bank's Environmental and Social Safeguards, the European Bank for Reconstruction and Development's (EBRD) Performance Requirements, and the OECD's Common Approaches, adopt similar approaches in relation to KBAs.

The Integrated Biodiversity Assessment Tool (IBAT), developed by IUCN, UN Environment World Conservation Monitoring Centre, BirdLife International, and Conservation International, helps businesses, financial institutions, and governments identify potential risks based on the distance of their projects from areas of importance for biodiversity, such as KBAs and protected areas of national and international importance. Using IBAT, businesses can quickly gain a high-level overview of the biodiversity risks of a specific project or compare the risks of different project options.

KBAs are also used by certification schemes to identify areas where specific, and often more stringent, mitigation actions are needed. For example, the Roundtable on Sustainable Biomaterial's RSB Principles and Criteria (RSB 2016) require that KBAs and other sites of global, regional, and national importance should not be converted. The Initiative for Responsible Mining Assurance's Standard for Responsible Mining (IRMA 2018) requires the identification and documentation of KBAs and associated ecological values within a mine's area of influence; if such areas are identified, companies must assess and mitigate any potential impacts to these areas.

While the identification of risk is a critical first step, it should be followed by the adoption of mitigation measures commensurate with the risk and aimed at avoiding the loss of the site's biodiversity values. To this end, the KBA Partners have developed *Guidelines on Business and KBAs: Managing Risk to Biodiversity* (The KBA Partnership 2018) for businesses and certification scheme operators, financial institutions, civil society organizations, and government authorities. The Guidelines cover a range of issues, including prioritizing the avoidance and minimization of negative impacts on a site's important biodiversity, implementing international safeguards and environmental standards,

cumplan con los criterios y límites que establece la IFC. Otros estándares de desempeño del sector financiero adoptan enfoques similares respecto a las KBA, e incluyen las Políticas de Salvaguarda Ambiental y Social del Banco Mundial; los Requisitos de Desempeño del Banco Europeo para la Reconstrucción y el Desarrollo (BERD), así como los Principios Fundamentales de la OCDE.

La Herramienta Integrada para la Evaluación de la Biodiversidad (IBAT, por sus siglas en inglés), desarrollada por la UICN, el Centro Mundial de Vigilancia de la Conservación de las Naciones Unidas, BirdLife International y Conservación Internacional ayudan a las empresas, a instituciones financieras y a gobiernos a identificar riesgos potenciales basados en la distancia entre sus proyectos y las áreas de importancia para la diversidad, tales como los KBA y las áreas protegidas de relevancia nacional e internacional. Mediante las IBAT, las empresas pueden tener acceso rápido a un panorama general de los riesgos que un proyecto específico podría representar para la biodiversidad, o a comparar los riesgos de diferentes proyectos opcionales.

Las KBA también son utilizadas en planes de certificación para identificar áreas en donde eventualmente se requieren acciones de mitigación aún más estrictas. Un ejemplo de esto son los Principios y Criterios RSB de la Mesa Redonda sobre Biomateriales Sustentables (RSB 2016) que exigen que las KBA y otros sitios de importancia global, regional o nacional no sean transformados. El Estándar para la Minería Responsable de la Iniciativa para el Aseguramiento de la Minería Responsable (IRMA 2018) exige la identificación y documentación de las KBA, así como los valores ecológicos asociados dentro del área de influencia de una mina. Si ese fuese el caso, se identificarán dichas áreas y las empresas deberán evaluar y mitigar cualquier impacto potencial.

Terraced fields near the Virunga Mountains in Rwanda, Africa ◆ ▷
Terrazas de cultivo cerca de los Montes Virunga, Ruanda, África
GEORGE STEINMETZ

setting permitting requirements for business operations impacting KBAs, and public reporting.

Recognizing that businesses can also play a positive role in biodiversity conservation, the Guidelines emphasize how KBAs can guide positive contributions. In particular, businesses can prioritize KBAs as the target of philanthropic and corporate social responsibility initiatives, which will generally ensure great visibility for the donors, because of the global importance of the areas. KBAs can also be prioritized as offset sites to compensate for residual impacts in non-KBA sites, giving businesses the opportunity to invest in an area that would achieve greater conservation impact.

The effective conservation of Key Biodiversity Areas depends on the collective participation, collaboration, and contributions of all actors that are directly and indirectly responsible for impacting these areas. These include not just businesses operating in an area, but also regulators who are responsible for setting land-use plans and performance requirements for various users, local communities that are directly or indirectly conserving or affecting the area, and civil society organizations engaged in its conservation and development. Only by working together will these players be able to ensure the successful long-term conservation of the biodiversity for which KBAs are important.

Mientras que la identificación de los riesgos constituye un paso inicial crítico, se debe proseguir con la adopción de medidas de mitigación que estén a la par con los riesgos, con el fin de evitar la pérdida de los valores de biodiversidad del sitio. Con este propósito, la Comunidad KBA ha desarrollado la *Guía para Negocios KBA: Manejando los Riesgos para la Biodiversidad* (Alianza KBA 2018) dirigida a las empresas y operadores de planes de certificación, instituciones financieras, organizaciones de la sociedad civil y autoridades gubernamentales. La Guía cubre una amplia variedad de temas, incluyendo la prioridad de evitar y minimizar los impactos negativos para la biodiversidad importante de los sitios; la implementación de salvaguardas internacionales y estándares ambientales; la fijación de requisitos para los permisos de operación de aquellos emprendimientos que afectan las KBA; además de la presentación de reportes públicos.

Reconociendo que las empresas también pueden tener un papel positivo en la conservación de la biodiversidad, la guía enfatiza cómo las KBA pueden generar contribuciones positivas. En particular, las empresas pueden priorizar las KBA como objetivos de iniciativas filantrópicas y de responsabilidad social corporativa, mismas que generalmente garantizan gran visibilidad para los donadores debido a la importancia global de estas áreas. Las KBA también se pueden priorizar como enclaves de compensación para contrarrestar los impactos residuales de sitios que no son KBA, y que quizá no tengan la biodiversidad o ecosistemas de importancia global ni regional, dándole a las empresas la oportunidad de contribuir en áreas en donde se producirá un efecto de conservación más importante.

La conservación efectiva de Áreas Clave de Biodiversidad depende de la participación colectiva y de las contribuciones de todos los actores directa o indirectamente responsables de las afectaciones en los sitios. Esto no sólo involucra a las empresas que operan en las áreas, sino también a los responsables de establecer el ordenamiento territorial y los requisitos para el desempeño correcto de los usuarios diversos, así como de las comunidades que estén directa o indirectamente conservando o afectando las áreas, y a las organizaciones de la sociedad civil comprometidas con su conservación y desarrollo. Sólo el trabajo coordinado de todos estos actores podrá asegurar a largo plazo la conservación exitosa de la biodiversidad que hace que las KBA sean tan importantes.

◁ Green ocean farming | Cofradía de Lira, Galicia, Spain ◆
Granja marina ecológica | Cofradía de Lira, Galicia, España
CRISTINA MITTERMEIER / SEALEGACY

Supporting Conservation Opportunities for Indigenous Peoples

Apoyando las Oportunidades de Conservación para los Pueblos Indígenas

Nigel Dudley, Grazia Borrini-Feyerabend, Holly Jonas, and Russell A. Mittermeier

From the rainforests of South America to the drylands of Africa, many of the world's richest centers of biodiversity are in the customary lands/waters and territories of indigenous peoples and traditional local communities (Borrini-Feyerabend et al., 2010), where they continue to practice traditional lifestyles. These communities frequently contribute to nature conservation (Nepstad et al., 2006), in some instances maintaining and enhancing biodiversity, even in ecosystems that may at first sight appear to be "untouched" by human hands. (Hereafter, we will use "indigenous peoples" to refer to "indigenous peoples and traditional local communities," for the sake of brevity, while recognizing that this does not fully apply to all communities with a profound connection and custodianship with their territories and areas.)

Indigenous peoples have some form of collective customary tenure —only very partially legally recognized—over at least 38 million km² in 87 countries, a quarter of the world's land surface (Garnett et al., 2018), with some estimates up to 65% of the world's land (Alden Wily, 2011). Their historical attachments and claims cover the majority of the world's forests, wetlands, and rangelands (Rights and Resources Initiative, 2015). As more Key Biodiversity Areas (KBAs) are identified around the world, many will overlap with the territories governed, managed, and conserved by their custodian indigenous peoples; these are often known as indigenous peoples' and community conserved territories

◁ *Giraffa giraffa*
Southern giraffe | Etosha National Park, Namibia ◆
Jirafa del sur | Parque Nacional Etosha, Namibia
ART WOLFE

Desde las densas selvas de Sudamérica hasta los desiertos de África, muchos de los centros de diversidad biológica más ricos del mundo se encuentran en tierras o aguas que cotidianamente son utilizadas por las comunidades locales, o en territorios de pueblos indígenas que siguen practicando formas de vida tradicionales (Borrini-Feyera-bend et al., 2010). Se sabe que estas comunidades a menudo contribuyen a la conservación de la naturaleza (Nepstad et al., 2006) y en algunos casos, ayudan a mantener y a mejorar la biodiversidad, incluso en eco-sistemas que a primera vista podría parecer que "no han sido tocados" por la mano del hombre. (Para abreviar, usaremos el término "pueblos indígenas" para referirnos a todos los "pueblos originarios y a las comunidades locales tradicionales", sabiendo que esto no aplica plenamente a todas las comunidades que ejercen la custodia y tienen una profunda conexión con sus territorios).

A pesar de que la titularidad legal sobre la tierra les sea reconocida sólo de manera parcial, los pueblos indígenas tienen alguna forma de tenencia colectiva tradicional en por lo menos 38 millones de km² en 87 países alrededor del mundo. Esto equivale a una cuarta parte de la superficie terrestre (Garnett et al., 2018), aunque hay quienes estiman que pudiese llegar hasta el 65% de toda la tierra (Alden Wily, 2011). Las posesiones territoriales históricas de estos pueblos incluyen a la mayoría de los bosques, humedales y pastizales (Iniciativa de Derechos y Recursos 2015). A medida que se identifiquen más KBA en el mundo, muchas de éstas áreas clave se traslaparán con territorios gobernados, gestionados y conservados por los pueblos indígenas que las custodian, y que a menudo se les reconoce como Territorios y Áreas Conservadas por Pueblos Indígenas y Comunidades (ACPIC). Esto tiene profundas implicaciones para la conservación.

and areas (ICCAs). This high degree of overlap has profound implications for conservation.

Of course, not all interactions of indigenous peoples and communities with their environments are positive for nature conservation. Centuries-old knowledge about sustainable uses of biodiversity and the associated governance and management institutions can be crushed, corrupted, or forgotten in a few generations. Interrelated factors such as rapid demographic change, the emergence of a cash economy, and climate breakdown can all add stress to communities and long-managed ecosystems. These issues are compounded by direct external pressures from mining companies, agribusiness and forestry, migrants seeking land and jobs, and governments anxious to coerce indigenous peoples to conform to identities and ways of life convenient to centralized bureaucratic systems.

The identification of a KBA can provide arguments for protecting habitats and ecosystems in indigenous peoples' territories and for respecting and supporting their customary governance and management systems. Convergence of interests for biodiversity and indigenous peoples are visible in countries such as the Philippines, where the government recognizes traditional governance and management practices that maintain the country's KBAs. In Colombia, protected areas have built upon traditional cultural governance and lifestyles. In the Middle East, ancient conservation practices such as *Al Hima* are being re-established to respond to modern conservation challenges. Many more examples exist in countries throughout the world.

An integrated approach to KBAs and indigenous peoples can draw on several tools and methods, including appropriate recognition and use of indigenous and local knowledge in the identification and delineation of KBAs. This needs to be safeguarded through mechanisms for providing or withholding free, prior, and informed consent (FPIC) and agreements on how information will be used. Guidelines on management of KBAs stress the need to respect FPIC (The KBA Partnership, 2018) and thus undergo a specific process to ensure people's agreement on KBA management. Securing territories of indigenous peoples under their collective governance, management, and custodianship is crucially important for conserving biodiversity and supporting communities to self-strengthen their associated institutions, knowledge, and practices.

Por supuesto que no todas las interacciones de los pueblos y comunidades con sus entornos son positivas para la conservación de la naturaleza. El conocimiento ancestral sobre los usos sostenibles de la biodiversidad, junto con su propia gobernanza y gestión, pueden ser destruidos, corrompidos, u olvidados en el lapso de unas cuantas generaciones. Algunos factores interrelacionados como el rápido cambio demográfico, el surgimiento de la economía de mercado y la degradación climática pueden agregar aún más estrés a las comunidades y al manejo ancestral de los ecosistemas. Estas cuestiones se ven agudizadas por las presiones externas de la minería; los negocios agrícolas; los emprendimientos forestales; los migrantes en búsqueda de tierras y empleos; así como por los gobiernos ansiosos por someter a los pueblos indígenas a identidades y formas de vida que son más convenientes para los sistemas burocráticos centralizados.

La identificación de las KBA puede proporcionar argumentos para la protección de los hábitats y ecosistemas dentro de los territorios de los pueblos indígenas, respetando y apoyando sus sistemas tradicionales de gobernanza y gestión. La convergencia de los intereses sobre la biodiversidad y la presencia de los pueblos indígenas están presentes en países tales como Filipinas, donde el gobierno reconoce la gobernanza y las prácticas tradicionales de gestión que protegen las KBA del país. En Colombia, las áreas protegidas se han apegado a la gobernanza cultural y formas de vida tradicionales. En el Medio Oriente se están reestableciendo prácticas ancestrales, como *Al Hima*, como respuesta a los retos modernos de la conservación. Como éstos, se pueden citar muchos ejemplos más alrededor del mundo.

Bolitoglossa mulleri ▷
Müller's Mushroomtongue salamander | Cuchumatanes, Guatemala ◆
Salamandra de Müller | Cuchumatanes, Guatemala
ROBIN MOORE

A large proportion of conservation efforts over the next two decades will focus on the territories of indigenous peoples, bringing both opportunities and challenges. Many such areas, for instance Australia's Indigenous Protected Areas (IPAs), are recognized by state governments as formal protected areas. The KBA Partnership, however, is clear that not all KBAs need to be protected areas, and many other conservation options exist. A variety of governance and management practices —and in particular those of indigenous peoples—need proper recognition and support. The recently agreed definition of "other effective area-based conservation measures" (OECMs) defines places that are governed and managed in ways that achieve positive and sustained outcomes for biodiversity outside of protected areas, where conservation is not necessarily the primary objective. Some indigenous peoples may find identifying and reporting parts of their territories or areas as an OECM a more acceptable or realistic form of recognition than the laws and policies that regulate protected areas (Jonas et al., 2017). However, following IUCN policy and CBD law, many indigenous peoples may also wish to have their territories recognized as "protected areas" under their own governance or shared governance arrangement. In Democratic Republic of the Congo for example, the Kabobo Reserve, a KBA, was established by the traditional chiefs of the local communities and the indigenous Batwa people as a way of protecting ancestral lands from immigrants moving into the area.

Human societies are diverse. No approach works everywhere, all the time. Responsive monitoring procedures – using multiple knowledge systems – are needed to track the effectiveness of indigenous governance and management systems as they confront new conditions and changing climate. Countries like Australia are starting to address these issues (Austin et al., 2018) and explore indigenous conservation policies on huge areas of land (Ens et al., 2016). KBAs could provide an impetus to both indigenous peoples and conservationists to work together to secure the governance and management systems that protect human cultures alongside other species and ecosystems.

El enfoque integral para las KBA y los pueblos indígenas puede estar basado en diversas herramientas y métodos, incluyendo el reconocimiento y uso apropiado del conocimiento autóctono para identificar y delimitar las KBA. Lo anterior debe ser protegido a través de mecanismos que garanticen el consentimiento libre, previo e informado (CLPE), y mediante acuerdos sobre el uso de la información. Los lineamientos sobre la gestión de las KBA acentúan la necesidad de respetar el CLPE (Alianza KBA 2018), y someterse a un proceso específico para garantizar que los pueblos estén de acuerdo con la gestión de las KBA. Proteger los territorios de los pueblos indígenas bajo el gobierno, gestión y custodia colectiva es fundamental para conservar la biodiversidad, así como para el apuntalamiento de las comunidades y el fortalecimiento de sus instituciones, conocimientos y sus prácticas.

Gran parte de los esfuerzos de conservación que se llevarán a cabo durante las siguientes dos décadas se concentrarán en territorios de los pueblos indígenas, lo que traerá oportunidades al igual que retos. Muchas de estas zonas, por ejemplo, las Áreas Indígenas Protegidas de Australia, están consideradas por los gobiernos estatales como áreas formalmente protegidas. Sin embargo, la Alianza KBA tiene claro que no todas las KBA necesitan ser áreas protegidas, y que hay muchas otras opciones de conservación. Existe una gran variedad de prácticas de gobernanza y de manejo que deben ser reconocidas y apoyadas de forma apropiada, en particular las de los pueblos indígenas. La tipificación de "Otras Medidas Efectivas de Conservación Basadas en Áreas" (OMEC por sus siglas en inglés), recientemente acordada, define sitios que no son áreas protegidas, pero que están gobernados o gestionados de tal forma que se logran resultados positivos y sostenibles para la biodiversidad, y en donde la conservación no necesariamente es el objetivo primordial. Algunos pueblos indígenas pueden considerar que la tipificación y reconocimiento de partes de sus territorios como aptas para la aplicación de OMEC, puede resultar una forma de reconocimiento más realista y aceptable que la aplicación de las actuales leyes y políticas que rigen las áreas protegidas (Jonas et al., 2017). Sin

Kayapo girls | Xingu region, Amazon, Brazil ◆ ▷
Niñas Kayapó | Región Xingu, Amazonas, Brasil
CRISTINA MITTERMEIER / SEALEGACY

embargo, siguiendo la política de la UICN y la ley del Convenio sobre la Diversidad Biológica, muchos pueblos indígenas podrían solicitar que sus territorios también sean reconocidos como "áreas protegidas" bajo su propia gobernanza, o bajo un esquema de gobierno compartido. En la República Democrática del Congo, por ejemplo, los jefes tradicionales de las comunidades locales y el pueblo indígena Batwa constituyeron una KBA en la reserva Kabobo como una estrategia para proteger sus tierras ancestrales de los asentamientos de inmigrantes.

Las sociedades humanas son diversas y no existe un enfoque que funcione siempre para todas. Se necesitan procedimientos de monitoreo receptivos que usen sistemas de conocimiento múltiple para dar seguimiento a la eficacia de los sistemas de gobierno y gestión indígenas, pues se enfrentarán a condiciones nuevas y al cambio climático. Los países como Australia están empezando a ocuparse de estos temas y a explorar las políticas indígenas de conservación para aplicarlas en grandes extensiones de tierra (Austin et al., 2018 y Ens et al., 2016). Las KBA podrían proporcionar un impulso a los pueblos indígenas y a los conservacionistas para trabajar juntos y afianzar los sistemas de gobernanza y gestión que protejan las culturas humanas, lo mismo que a otras especies y ecosistemas.

◁ *Panthera leo*
Lion | Maasai Mara National Reserve, Kenya ◆
León | Reserva Natural Maasai Mara, Kenia
PAUL NICKLEN / SEALEGACY

9

Delivering Ecosystem Services

El Suministro de Servicios Ecosistémicos

Rachel A Neugarten, Lisa Mandle, and Anne-Sophie Pellier

In the northeastern corner of Madagascar, Ambodivahibe Bay contains globally significant biodiversity, including coral reefs, mangroves, sea turtles, and critically endangered fish. The site's biological significance led to its designation as a Key Biodiversity Area (KBA) in 2010, and a marine protected area in 2015. The bay is also home to four small villages. Like many places in Madagascar, the residents of Ambodivahibe are very poor and food insecure. They depend completely on the bay for food and income from fishing. Thanks to government protection and community conservation efforts, such as seasonal fisheries closures, the fish stocks in Ambodivahbe have increased, supporting both food security and biodiversity conservation. Northeastern Madagascar experiences frequent cyclones, and people in Ambodivahibe, who live in flimsy thatch huts, are especially vulnerable. During storms, the mangroves surrounding the bay provide crucial protection from coastal flooding.

Globally, KBAs such as Ambodivahibe provide many important benefits to people. In low-income countries like Madagascar, benefits provided by KBAs are especially critical because many people depend directly on ecosystems for food, water, and income. Past studies have shown that priority areas for biodiversity conservation provide disproportionately high levels of benefits to the world's poor (Turner et al., 2012). For instance, KBAs in Madagascar provide wild food and forest

En el extremo noreste de Madagascar, la Bahía de Ambodivahibe alberga biodiversidad que es importante a nivel mundial, incluyendo los arrecifes de coral, manglares, tortugas marinas y especies de peces que están en peligro crítico. La importancia biológica de esta zona la llevó a ser designada como un Área Clave para la Biodiversidad (KBA) en el 2010, y como área marina protegida en el 2015. En la bahía también existen cuatro pequeñas aldeas. Como muchos lugares en Madagascar, los habitantes de la Bahía de Ambodivahibe viven en pobreza extrema y no tienen seguridad alimentaria. Dependen completamente de la bahía para la alimentación e ingresos que obtienen de la pesca. Gracias a la protección del gobierno y a los esfuerzos de conservación comunitarios, tales como la veda estacional de las pesquerías, las poblaciones de peces han aumentado, favoreciendo así la seguridad alimentaria y la conservación de la diversidad biológica. La zona noreste de Madagascar frecuentemente es azotada por ciclones y la gente de Ambodivahibe es especialmente vulnerable pues vive en frágiles chozas de paja, y durante las tormentas, los manglares que rodean la bahía son una protección importante contra las inundaciones costeras.

Alrededor del mundo, las KBA, como la de Ambodivahibe, aportan importantes beneficios a los pueblos. En países de bajos ingresos como Madagascar, estos beneficios son especialmente importantes ya que muchas personas dependen directamente de los ecosistemas para obtener sus alimentos, agua e ingresos. Estudios previos han demostrado que las áreas prioritarias para la conservación de la biodiversidad aportan niveles de beneficios desproporcionadamente altos a los pueblos que viven en pobreza (Turner et al., 2012). Por ejemplo, las KBA de Madagascar proveen alimentos silvestres y productos forestales, agua potable para uso doméstico, riego para los cultivos, energía

◁ A Tamil woman sets small fish to dry | Southern India coastal communities Pulicat, Tamil Nadu, India ◆ Mujer Tamil secando pescados | Comunidades costeras del sur de la India, Pulicat, Tamil Nadu, India
CRISTINA MITTERMEIER / SEALEGACY

products, clean water for household use, crop irrigation, hydropower, carbon storage, protection from coastal flooding, and tourism (Neugarten et al., 2016). In Myanmar, KBAs provide high levels of freshwater services, including the provision of clean water and flood risk mitigation for vulnerable villages (Mandle et al., 2017).

KBAs also provide numerous cultural values. Due to their importance for wildlife, many KBAs provide recreation and tourism benefits, for instance opportunities to see birds and rare animals (Hausmann et al., 2019). Globally, there is an overlap between conservation priority sites and sites with high linguistic diversity, indicating that these sites likely contain a diversity of biological values important for cultural heritage and identity (Larsen et al., 2012). At a local level, many KBAs contain iconic species that have historical or traditional significance for indigenous and local communities; the Ankodida protected area in southeastern Madagascar, which includes a forest sacred to the Tandroy tribe, is an example (Gardner et al., 2008). Many KBAs contain species and genetic diversity that are important for agriculture, medicine, and materials. These sites are likely to become even more important in the future, as they are repositories of crop wild relatives and genetic material that could benefit future agricultural production or be developed into medicine.

KBAs also can help mitigate impacts of climate change. Many KBAs contain forests, mangroves, and peatlands, which sequester and store vast amounts of carbon (Larsen et al., 2012). Coastal and marine KBAs such as Ambodivahibe often contain coral reefs, mangroves, and coastal wetlands that protect vulnerable coastal communities from storms (Neugarten et al., 2016).

△ PREVIOUS PAGES ♦ PÁGINAS ANTERIORES
Chelonia mydas
Green turtles | Nosy Sakatia, Madagascar ♦
Tortugas verdes | Nosy Sakatia, Madagascar
PASCAL KOBEH / NATUREPL.COM

◁ A young boy from an artisanal fishing community on Atauro Island | Atauro Island, Tara Bandu, Timor-Leste ♦ Joven de una comunidad pesquera artesanal de la Isla Atauro | Isla Atauro, Timor-Leste
CRISTINA MITTERMEIER / SEALEGACY

hidráulica, almacenamiento de carbono, protección contra inundaciones costeras, y además fomentan el turismo (Neugarten et al., 2016). En Myanmar, las KBA representan una fuente importante de servicios de aprovisionamiento, incluyendo el suministro de agua potable, y la disminución del riesgo de inundación en las aldeas vulnerables (Mandle et al., 2017).

Las KBA también aportan un gran valor cultural. Debido a su importancia para la vida silvestre, muchas de estas áreas ofrecen beneficios de recreación y turismo, incluyendo la oportunidad de avistar aves y animales exóticos (Hausmann et al., 2019). A nivel mundial, muchos de los sitios que son prioridad para la conservación coinciden con espacios que presentan una alta diversidad lingüística, lo que indica la posibilidad de que estos sitios tengan una gran diversidad de valores biológicos de importancia para la identidad y el patrimonio cultural (Larsen et al., 2012). A nivel local, muchas KBA albergan especies emblemáticas que tienen un significado histórico o tradicional para las comunidades nativas y locales. Un ejemplo es el caso de Ankodida, un área protegida al sureste de Madagascar, en donde existe un bosque sagrado para la tribu Tandroy (Gardner et al., 2008). Muchas KBA contienen diversidad genética y especies importantes para la agricultura, la medicina, y materias primas. Es probable que estos sitios se vuelvan aún más importantes en el futuro, pues son repositorios de parientes silvestres de los cultivos y de material genético que en el futuro podría beneficiar la producción agrícola o al desarrollo de medicamentos.

Las KBA también ayudan a mitigar los impactos del cambio climático. Muchas de estas áreas albergan bosques, manglares y turberas que captan y almacenan grandes cantidades de carbono (Larsen et al., 2012). En las KBA marinas y costeras, como la de Ambodivahibe, a menudo se pueden encontrar arrecifes de coral, manglares y humedales costeros que protegen a las comunidades vulnerables a las tormentas (Neugarten et al., 2016).

La relación que existe entre la biodiversidad y los servicios ecosistémicos es compleja y varía dependiendo de su ubicación. Un estudio a nivel mundial encontró que las áreas que tienen mayor biodiversidad no necesariamente brindan mejores niveles de servicios que otras áreas seleccionadas al azar (la captura y almacenamiento de carbono, la producción de ganado en pastizales y el suministro de agua), aunque esto sí ocurre en ciertas regiones (Naidoo et al., 2008). Algunos

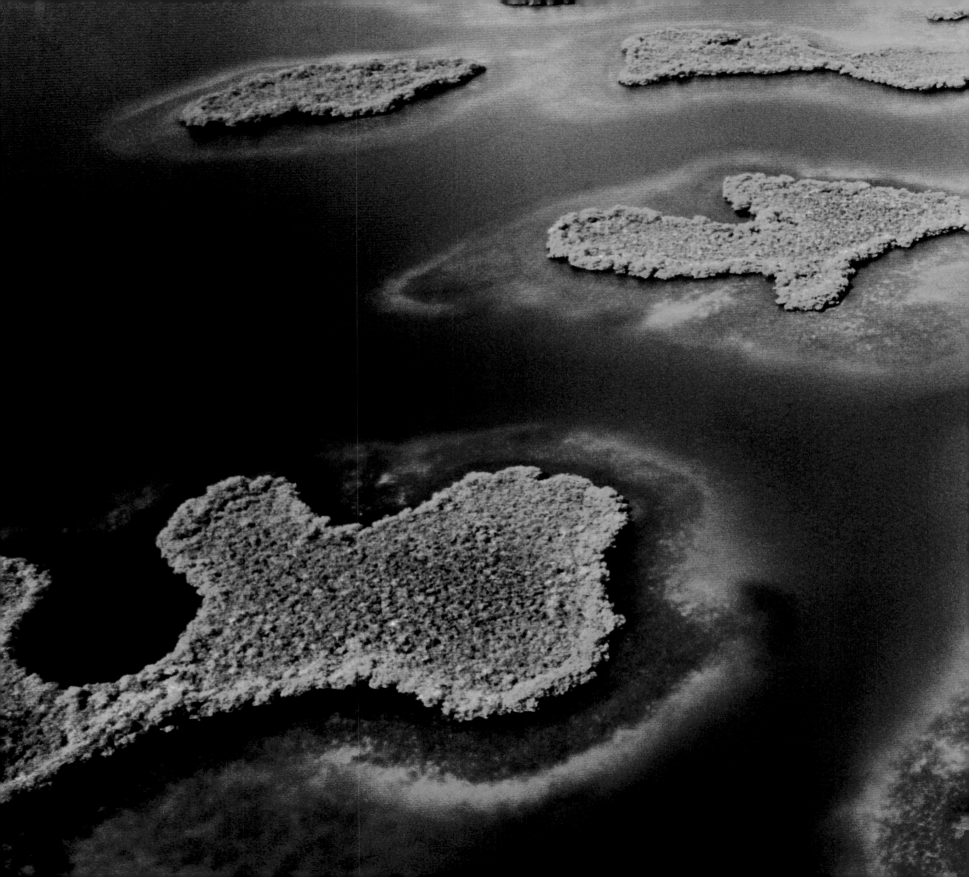

The relationship between biodiversity and ecosystem services is complex and varies depending on the location. A global study found that areas with the highest biodiversity do not necessarily provide higher levels of certain services (carbon sequestration and storage, grassland production of livestock, and water provision) than areas selected randomly, although these values do co-occur in some regions (Naidoo et al., 2008). Studies from South Africa (Egoh et al., 2009), Britain (Anderson et al., 2009), and California USA (Chan et al., 2006) also found that ecosystem services and biodiversity didn't necessarily co-occur. Effectively conserving both biodiversity and ecosystem services, therefore, will require different approaches in different places. There are a number of tools for assessing benefits that KBAs provide to people (for a review, see Neugarten et al., 2018). For example, the Toolkit for Ecosystem Service Site-based Assessment (TESSA) allows non-experts to evaluate benefits provided by a site (Peh et al., 2014).

Despite the complex relationship between biodiversity and ecosystem services, it is clear that conservation of KBAs will maintain the long-term provision of many ecosystem services. In the short term, biodiversity conservation can conflict with the needs of people for consumptive services such as hunting, fishing, or extraction of timber and fuelwood. But over time, unsustainable harvesting can negatively impact biodiversity and degrade ecosystem health. Conserving KBAs will support healthy ecosystems that sequester and store carbon, mitigate flooding, purify water and air, and benefit agriculture through pollination and pest control. If effectively conserved, ecosystems contained within KBAs can provide sources of seeds, fish nursery habitat, and refugia for commercially and culturally important species. These services support humanity through the provision of food, fuel, medicines, and raw materials. They also benefit our cultural heritage and identity. Therefore, maintaining biodiversity within KBAs is desirable not only to preserve global biodiversity but also to ensure the long-term, sustainable supply of benefits to humanity.

estudios llevados a cabo en Sudáfrica (Egoh et al., 2009), Gran Bretaña (Anderson et al., 2009) y en California, EUA (Chan et al., 2006), también encontraron que los servicios de los ecosistemas y la biodiversidad no necesariamente ocurren de manera simultánea. Por lo tanto, conservar efectivamente, tanto la biodiversidad como los servicios de los ecosistemas requerirá de diferentes estrategias en distintos lugares. Existen numerosas herramientas para evaluar los beneficios que las KBA ofrecen a los pueblos (para consultar, vea Neugarten et al., 2018). Por ejemplo, las Herramientas para la Evaluación de Servicios Ecosistémicos a Escala de Sitio (TESSA, por sus siglas en inglés) permite que personas no expertas puedan evaluar los beneficios que proporciona un sitio en particular (Peh et al., 2014).

A pesar de la compleja relación que existe entre los servicios de los ecosistemas y la biodiversidad, es claro que la conservación de las KBA mantendrá estable el suministro de muchos de estos servicios a largo plazo. A corto plazo, la conservación de la diversidad biológica puede entrar en conflicto con las necesidades de consumo de algunas personas, tales como la caza, pesca, y la extracción de madera y leña. Con el tiempo, la explotación no sostenible puede tener un impacto negativo en la biodiversidad y degradar la salud de los ecosistemas. La conservación de las KBA fomentará los ecosistemas saludables que captan y almacenan carbono, mitigan inundaciones, purifican el agua y el aire, y benefician la agricultura a través de la polinización y el control de plagas. Si se conservan de manera efectiva, los ecosistemas contenidos dentro de las KBA pueden ser fuente de semillas, hábitats para la cría de peces, y refugio de especies cultural y comercialmente importantes. Estos servicios sustentan a la humanidad mediante el suministro de alimentos, combustibles, medicamentos y materias primas. También benefician nuestro patrimonio cultural y nuestra identidad; es por esto que mantener la diversidad biológica dentro de las KBA es conveniente, no sólo para preservar la biodiversidad global, sino también para asegurar el suministro sostenible de beneficios para la humanidad en el largo plazo.

10

Challenges and Opportunities for Conserving KBAs Under Climate Change

Desafíos y Oportunidades para la Conservación de las KBA Frente al Cambio Climático

Stuart. H. M. Butchart, Wendy Foden, Lee Hannah, and James. E. M. Watson

Climate change will have fundamental implications for conservation of species and ecosystems in Key Biodiversity Areas (KBAs), but KBA networks will continue to play a key role in conserving biodiversity into the future and are an essential component of nature-based solutions for climate change.

It is estimated that human-induced climate change has already caused a global temperature increase of about 1.0°C over pre-industrial levels, affecting the frequency and intensity of extreme weather events and leading to a global average sea level rise of 16–21 cm since 1900 (IPBES 2019). These trends have had widespread and accelerating impacts on biodiversity around the world, including on species' physiology, abundance, population dynamics, distribution, seasonal patterns, community structure, and ecosystem function (Scheffers et al., 2016, IPBES 2019).

Changing climatic conditions in KBAs present a significant conservation challenge, as some of these sites may become increasingly unsuitable for the species and ecosystems they are intended to conserve. There is already evidence of ongoing changes in species distributions due to climate change (Scheffers et al., 2016). For example, 40 songbird species in western North America have shifted their northern-latitude boundaries northwards by an average of 35 km, while their upper-elevation boundaries have shifted upwards by an average of 66 m over

◁ *Braya fernaldii*
Fernald's northern rockcress | Sandy Cove, Newfoundland ◆
Berros de roca de Ferland | Sandy Cove, Terranova
BOB GIBBONS / ALAMY STOCK PHOTO

El cambio climático traerá consecuencias de fondo en la conservación de las especies y los ecosistemas en las Áreas Clave para la Biodiversidad (KBA). Sin embargo, las redes de KBA seguirán jugando un papel central en la conservación de la biodiversidad en el futuro, siendo un componente esencial de las soluciones basadas en la naturaleza para enfrentar el cambio climático.

Se estima que el cambio climático provocado por la actividad humana ha causado un aumento de 1.0°C en la temperatura global por encima de los niveles preindustriales, cambiando la frecuencia e intensidad de los fenómenos meteorológicos extremos, y aumentando de 16 a 21 cm el nivel del mar desde 1900 (IPBES 2019). Estas tendencias han tenido un impacto general cada vez más acelerado sobre la biodiversidad de las especies en todo el mundo, incluso afectando su fisiología y abundancia, su dinámica poblacional y distribución, así como los patrones estacionales y las estructuras de las comunidades, además del funcionamiento de los ecosistemas (Scheffers et al., 2016, IPBES 2019).

Las cambiantes condiciones climáticas en las KBA representan un gran desafío para la conservación, ya que algunos sitios podrían ser cada vez menos aptos para las especies y los ecosistemas que se pretenden conservar. Ya se tiene evidencia de cambios continuos en la distribución de las especies debido al cambio climático (Scheffers et al., 2016). Por ejemplo, 40 especies de aves canoras en el oeste de Norteamérica han desplazado sus límites septentrionales hacia el norte en un promedio de 35 km, mientras que sus límites de altitud de vuelo se han incrementado alrededor de 66 m en un periodo de 30 años (1970–2000) (Auer y King, 2014). Estudios realizados en diferentes regiones prevén que, debido al cambio climático, la cantidad de especies de aves

a 30-year period (1970s–2000s) (Auer and King, 2014). Studies across different regions predict that more than twice as many bird species will face declines in population and distribution under climate change than the number that are expected to increase, and the magnitude of these declines is expected to increase with the severity of climate change (BirdLife International and National Audubon Society 2015). Hole et al. (2009) projected a "turnover" of 35–45% of bird species that currently (or have the potential to) "trigger" KBAs in sub-Saharan Africa by 2085, with similar patterns for birds in Asia (Bagchi et al., 2013), Australia (Maxwell et al., 2019), and the Americas (BirdLife International and National Audubon Society 2017). Even where KBAs are projected to remain suitable for the species they are designed to protect, increasingly severe and frequent extreme weather events (such as droughts, floods, heat waves, and storms) may erode their effectiveness.

Does this mean then that KBAs are doomed under climate change? No, but it does mean that effective KBA conservation will require a more dynamic approach to setting management objectives (Hole et al., 2011). The existing and projected impacts of climate change must be integrated into conservation planning at all levels, to ensure that KBA networks are as robust as possible to climate change (Maxwell et al., 2015). This will require evaluation of species' projected range changes and vulnerabilities to climate change (Pacifici et al., 2015) and the potential effects of climate change on other threats (such as invasive alien species and fire).

Encouragingly, research to date suggests that, when considering the current KBA network as a whole, suitable climatic conditions will still exist for most species despite considerable climate change; thus, the network overall is likely resilient to long-term changes. For example,

que verán una reducción en su población y distribución será un poco más del doble que las especies para las que se espera un aumento de población; y además, se estima que la disminución será mayor dependiendo de la severidad del cambio climático (Birdlife International y National Audubon Society 2015). Hole y sus colaboradores (2009) proyectan un 35%–45% de variación en las especies de aves que actualmente activan o podrían activar las KBA en el África Subsahariana para el 2085. Las aves en Asia (Bagchi et al., 2013), Australia (Maxwell et al., 2019) y las Américas (Birdlife International y National Audubon Society 2017) podrían seguir patrones similares. Incluso en los lugares donde está previsto que las KBA sigan siendo adecuadas para las especies para las que fueron diseñadas, el aumento de la gravedad y la frecuencia de los fenómenos climáticos tales como las sequías, inundaciones, olas de calor y tormentas, podrían reducir su efectividad.

¿Quiere decir que las KBA están destinadas a fracasar frente al cambio climático? No, pero sí significa que la conservación efectiva de estas áreas va a requerir de un enfoque más dinámico para establecer los objetivos (Hole et al., 2011). Se deberán integrar los impactos existentes y proyectados del cambio climático a los planes de conservación en todos los niveles, para así asegurar que las redes de KBA sean lo más robustas posible ante los cambios (Maxwell et al., 2015). Para ello, será necesario evaluar los cambios en las distribuciones proyectadas para las especies, y su vulnerabilidad frente al cambio climático (Pacifici et al., 2015), además de los efectos potenciales que podría tener el clima sobre otras amenazas como incendios o la invasión de especies exóticas.

A la fecha, existen investigaciones alentadoras que sugieren que, si se considera a la red actual de las KBA como un todo, seguirán existiendo las condiciones climáticas adecuadas para la mayoría de las especies, a pesar de la magnitud del cambio climático. Por lo tanto, es probable que en general la red sea resiliente a los cambios a largo plazo. Por ejemplo, entre el 88% y el 92% de las especies de aves por las que se han sido identificado las KBA del África Subsahariana todavía podrían vivir en condiciones climáticas adecuadas en por lo menos alguna de las áreas que habitan (Hole et al., 2009). De las 370 especies por las que se ha identificado alguna KBA en el Himalaya Oriental o en el Delta del Mekong inferior, ninguna parece tener una probabilidad "extremadamente alta" de perder las condiciones climáticas adecuadas en la red de las KBA para el 2100 (Bagchi et al., 2013). Probablemente,

88–92% of bird species for which KBAs have been identified in sub-Saharan Africa will still experience suitable climatic conditions in at least one KBA in which they are currently found (Hole et al., 2009). For 370 bird species for which KBAs have been identified in the Eastern Himalayas and Lower Mekong Delta, none were "extremely likely" to lose suitable climatic conditions from the KBA network by 2100 (Bagchi et al., 2013). The resilience of individual KBAs to climate change impacts is likely to be greater for larger sites with more intact habitats and higher topographic diversity, as these will be more likely to provide local conditions that remain suitable for species under climate change.

It will also be important to understand the projected consequences of adaptation by human communities to climate change. For example, climate change is already affecting patterns of agriculture, fisheries, transport, and energy production, as well as the distribution of human populations (Hannah et al., 2013; Barros 2014). Recent research shows that the set of KBAs that are potentially most threatened by human responses to climate change only partly overlaps with that of KBAs that will be most affected by the direct impacts of climate change, meaning that changing human activities may pose an additional threat to KBAs that are otherwise at low risk from the direct impacts of climate change (Segan et al., 2015).

Despite the likelihood of significant impacts from climate change on species and ecosystems, KBA networks will continue to play a key role in conserving biodiversity into the future. Immediate policy solutions aimed at retaining or restoring natural habitats are being implemented around the world as a core response to both the biodiversity and climate change emergencies. Such efforts will increase species resilience to climate change (Scheffers et al., 2016) and will also likely help people adapt to changing environments (Martin & Watson, 2016). Importantly, these efforts could also provide 37% of the necessary climate change mitigation efforts required by 2030 to keep average global temperature rises below 2°C (IPBES 2019). Conserving KBAs should be an integral part of efforts to achieve nature-based solutions for climate change in order to safeguard biodiversity and ensure a livable planet for future generations.

la resiliencia de las KBA individuales ante el impacto del clima será mayor en los sitios más extensos, ya que tienen una mayor cantidad de hábitats intactos y diversidad topográfica, y podrán ofrecer condiciones locales que sigan siendo aptas para las especies a pesar del cambio climático.

También será importante comprender las consecuencias que se pronostican por la adaptación de las comunidades humanas al cambio climático. Por ejemplo, este cambio ya está afectando los patrones en la agricultura, las pesquerías, el transporte y la producción de energía, así como la distribución de los asentamientos humanos (Hannah et al., 2013; Barros, 2014). Estudios recientes muestran que el grupo de las KBA que se enfrentan a una mayor amenaza debido a la respuesta humana al cambio climático sólo se traslapa en parte con aquellas KBA que se verán más afectadas por el impacto directo del clima, lo que significa que las cambiantes actividades del hombre pueden representar una amenaza adicional a las KBA que de otra manera tendrían un riesgo bajo ante el impacto directo del cambio climático (Segan et al., 2015).

A pesar de que es probable que el cambio climático tenga impactos importantes en las especies y los ecosistemas, las redes de KBA seguirán desempeñando un papel esencial en la conservación de la biodiversidad en el futuro. En todo el mundo se implementan soluciones políticas inmediatas dirigidas a conservar o restaurar hábitats naturales como respuesta de fondo a las emergencias de la biodiversidad y del cambio climático. Esta labor aumentará la resiliencia de las especies ante el cambio climático (Scheffer et al., 2016) y probablemente ayudará a las personas a adaptarse a un entorno cambiante (Martin & Watson, 2016). De manera importante, estos esfuerzos podrían aportar el 37% de las medidas de mitigación al cambio climático necesarias para mantener el aumento promedio de la temperatura global por debajo de los 2°C para el 2030 (IPBES 2019). Conservar las KBA debe ser una parte integral de los esfuerzos para llegar a soluciones al cambio climático basadas en la naturaleza para salvaguardar la biodiversidad y garantizar un planeta habitable para las generaciones futuras.

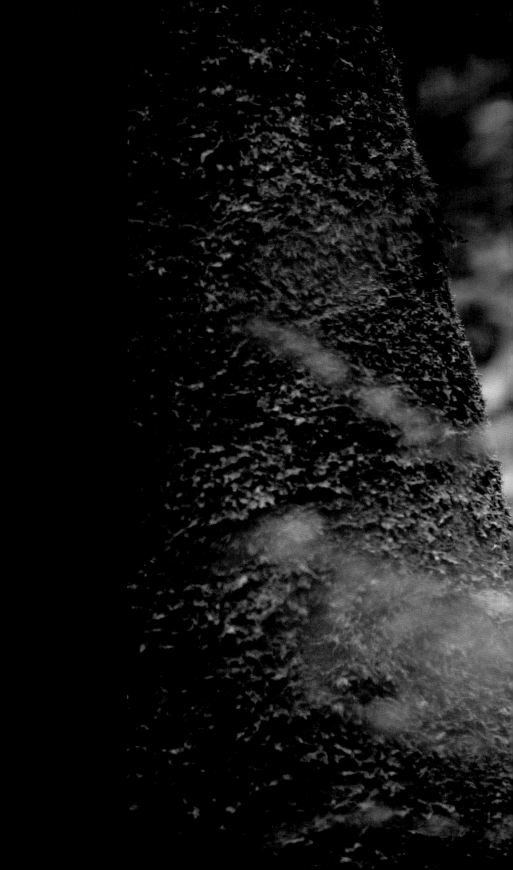

Mandrillus sphinx ▷
Mandrill and infant | Gabon ◆ Mandril con cría | Gabón
HELLE & URI LØVEVILD GOLMAN

◁ *Pithecophaga jefferyi*
Philippine eagle | Mount Kitanglad, Mindanao Island, Philippines ◆
Águila de Filipinas | Monte Kitanglad, Isla Mindanao, Filipinas
KLAUS NIGGE

▽ FOLLOWING PAGES ◆ PÁGINAS SIGUIENTES
Lygodactylus williamsi
Electric blue day gecko | Kimboza Forest Reserve, Tanzania ◆
Gecko diurno azul eléctrico | Reserva Forestal Kimboza, Tanzania
THOMAS MARENT / MP / NATURE IN STOCK

References ◆ Referencias

Introduction | Introducción

Butchart, S.H.M., Scharlemann, J.P.W., Evans, M.I., Quader, S., Aricó, S., Arinaitwe, J., Balman, M., Bennun, M., Bertzky, B., Besançon, C., Boucher, T.M., Brooks, T.M., Burfield, I.J., Burgess, N.D., Chan, S., Clay, R.P., Crosby, M.J., Davidson, N.C., De Silva, N., Devenish, C., Dutson, G.C.L., Díaz Fernández, D.F., Fishpool, L.D.C., Fitzgerald, C., Foster, M., Heath, M.F., Hockings, M., Hoffmann, M., Knox, D., Larsen, F.,W., Lamoreux, J.F., Loucks, C., May, I., Millet, J., Molloy, D., Morling, P., Morling, P., Parr, M., Ricketss, T.H., Seddon, N., Skolnik, B., Stuart, S.N., Upgren, U., and Woodley, S. (2012) Protecting important sites for biodiversity contributes to meeting global conservation targets. PLoS One: e32529.

Donald, P.F., Fishpool, L.D.C., Ajagbe, A., Bennun, L.A., Bunting, G., Burfield, I.J., Butchart, S.H.M., Capellan, S., Crosby, M.J., Dias, M.P., Diaz, D., Evans, M.J., Grimmet, R., Heath, M., Jones, V.R., Lascelles, B.G., Merriman, J.C., O'Brien, M., Ramírez, I., Waliczky, Z. and Wege, D.C. (2019) Important Bird and Biodiversity Areas (IBAs): the development and characteristics of a global inventory of key sites for biodiversity. Bird Conservation International 29: 177-198.

Dudley, N., Boucher, J.L, Cuttelod, A., Brooks, T.M., and Langhammer, P.F. (eds.) (2014) Applications of Key Biodiversity Areas: end-user consultations. Cambridge, UK and Gland, Switzerland: IUCN.

Edgar, G.J., Langhammer, P.F., Allen, G., Brooks, T.M., Brodie, J., Crosse, W., De Silva, N., Fishpool, L.D.C., Foster, M.N., Knox, D.H., McCosker, J.E., McManus, R., Millar, A.J.M. and Mugo, R. (2008) Key Biodiversity Areas as globally significant target sites for the conservation of marine biological diversity. Aquatic Conservation: Marine and Freshwater Ecosystems 18: 969–983.

Eken, G., Bennun, L., Brooks, T.M., Darwall, W., Foster, M., Knox, D., Langhammer, P., Matiku, P., Radford, E., Salaman, P., Sechrest, W., Smith, M.L., Spector, S. and Tordoff, A. (2004) Key biodiversity areas as site conservation targets. BioScience 54: 1110–1118.

Holland, R.A., Darwall, W.R.T. and Smith, K.G. (2012) Conservation priorities for freshwater biodiversity: the key biodiversity area approach refined and tested for continental Africa. Biological Conservation 148: 167-179.

IPBES (2019) Global assessment report on biodiversity and ecosystem services of the Intergovernmental Science-Policy Platform on Biodiversity and Ecosystem Services. Brondizio, E.S., Settele, J., Díaz, S. and Ngo, H.T. (editors). Bonn, Germany: IPBES secretariat.

IUCN (2016) A Global Standard for the Identification of Key Biodiversity Areas, Version 1.0. First edition. Gland, Switzerland: IUCN.

KBA Standards and Appeals Committee (2019). Guidelines for using a Global Standard for the Identification of Key Biodiversity Areas. Version 1.0. Prepared by the KBA Standards and Appeals Committee of the IUCN Species Survival Commission and IUCN World Commission on Protected Areas. Gland, Switzerland: IUCN. viii + 148pp

Langhammer, P.F., Butchart, S.H.M. and Brooks, T.M., (2018) Key Biodiversity Areas. In: Dominick A. DellaSala and Michael I. Goldstein (eds.) The Encyclopedia of the Anthropocene, vol. 3, p. 341-345. Oxford: Elsevier.

Langhammer, P.F., Bakarr, M.I., Bennun, L.A., Brooks, T.M., Clay, R.P., Darwall, W., De Silva, N., Edgar, G.J., Eken, G., Fishpool, L.D.C., da Fonseca, G.A.B., Foster, M.N., Knox, D.H., Matiku, PI, Radford, E.A., Rodrigues, A.S.L., Salaman, P., Sechrest, W. and Tordoff, A.W. (2007) Identification and Gap Analysis of Key Biodiversity Areas: Targets for Comprehensive Protected Area Systems. IUCN World Commission on Protected Areas Best Practice Protected Area Guidelines Series No. 15. Gland, Switzerland: IUCN.

Plantlife International (2004) Identifying and Protecting the World's Most Important Plant Areas. Salisbury, UK: Plantlife International.

Ricketts, T.H., Dinerstein, E., Boucher, T., Brooks, T.M., Butchart, S.H.M., Hoffmann, M., Lamoreux, J.F., Morrison, J., Parr, M., Pilgrim, J.D., Rodrigues, A.S.L., Sechrest, W., Wallace, G.E., Berlin, K., Bielby, J., Master, L.L., Moore, R., Naidoo, R., Ridgley, R., Schatz, G.E., Shire, G., Strand, H., Wettengel, W.

and Wikramanayake, E. (2005) Pinpointing and preventing imminent extinctions. Proceedings of the National Academy of Sciences of the U.S.A. 102: 18497–18501.

Smith, R.J., Bennun, L, Brooks, T.M., Butchart, S.H.M, Cuttelod, A., Di Marco, M., Ferrier, S., Fishpool, L.D.C., Joppa, L., Juffe-Bignoli, D., Knight, A.T., Lamoreux, J.F., Langhammer, P., Possingham, H.P., Rondinini, C., Visconti, P., Watson, J.E.M., Woodley, S., Boitani, L., Burgess, N.D., De Silva, N., Dudley, N., Fivaz, F., Game, E.T., Groves, C., Lotter, M., McGowan, J., Plumptre, A.J., Rebelo, A.G., Rodriguez, J.P. and Scaramuzza, C.A. de M. (2018) Synergies between the key biodiversity area and systematic conservation planning approaches. Conservation Letters 2018: e12625.

The KBA Partnership (2018) Guidelines on Business and KBAs: Managing Risk to Biodiversity. Gland: IUCN. Xii+12., 2018.

van Swaay, C.A.M. and Warren, M.S. (2006) Prime butterfly areas in Europe: an initial selection of priority sites for conservation. Journal of Insect Conservation 10: 5-11.

Waliczky, Z., Fishpool, L.D.C., Butchart, S.H.M., Thomas, D., Heath, M.F., Hazin, C., Donald, P.F., Kowalaska, Ai., Dias, M.P. and Allinson, T.S.M. (2019) Important Bird and Biodiversity Areas (IBAs): their impact on conservation policy, advocacy and action. Bird Conservation International 29: 299-215.

Chapter 1 | Capítulo 1

De Vos, Jurriaan M., Lucas N. Joppa, John L. Gittleman, Patrick R. Stephens, and Stuart L. Pimm. "Estimating the normal background rate of species extinction." Conservation biology 29, no. 2 (2015): 452-462.

Díaz, Sandra, J. Settele, Eduardo Brondízio, H. Ngo, M. Guèze, J. Agard, A. Arneth et al. "Summary for policymakers of the global assessment report on biodiversity and ecosystem services of the Intergovernmental Science-Policy Platform on Biodiversity and Ecosystem Services." (2019).

Donald, Paul F., Graeme M. Buchanan, Andrew Balmford, Heather Bingham, Andrew R. Couturier, Gregorio E. de la Rosa Jr, Paul Gacheru et al. "The prevalence, characteristics and effectiveness of Aichi Target 11's "other effective area-based conservation measures" (OECMs) in Key Biodiversity Areas." Conservation Letters (2019): e12659.

IUCN (2016). A Global Standard for the Identification of Key Biodiversity Areas, Version 1.0. First edition. Gland, Switzerland: IUCN.

Jonas, Harry D., Kathy MacKinnon, Nigel Dudley, Marc Hockings, Sabine Jessen, Dan Laffoley, David MacKinnon, Clara L. Matallana-Tobón, Trevor Sandwith, John Waithaka and Stephen Woodley (2018). Editorial Essay: Other Effective Area Based Conservation Measures from Aichi Target 11 to the

Post 2020 Biodiversity Framework. Parks Journal. DOI: 10.2305/IUCN.CH.2018. PARKS-24-SI.en

Kukkala, A. S., Santangeli, A., Butchart, S. H. M., Maiorano, L., Ramirez, I., Burfield, I. J. and Moilanen, A. (2016). Coverage of vertebrate species distributions by Important Bird and Biodiversity Areas and Special Protection Areas in the European Union. Biol. Conserv. 202: 1–9.

Ramirez, I., Tarzia, M., Dias, M. P., Burfield, I. J., Ramos, J. A., Garthe, S. and Paiva, V. H. (2017). How well is the EU protecting its seabirds? Progress in implementing the Birds Directive at sea. Mar. Policy 81: 179–184.

UNEP-WCMC, IUCN and NGS (2018). Protected Planet Report 2018. UNEP-WCMC, IUCN and NGS: Cambridge UK; Gland, Switzerland; and Washington, D.C., USA.

Venter, Oscar, Richard A. Fuller, Daniel B. Segan, Josie Carwardine, Thomas Brooks, Stuart HM Butchart, Moreno Di Marco et al. "Targeting global protected area expansion for imperiled biodiversity." PLoS biology 12, no. 6 (2014): e1001891.

Waliczky, Zoltan, Lincoln DC Fishpool, Stuart HM Butchart, David Thomas, Melanie F. Heath, Carolina Hazin, Paul F. Donald, Aida Kowalska, Maria P. Dias, and Tristram SM Allinson. "Important Bird and Biodiversity Areas (IBAs): their impact on conservation policy, advocacy and action." Bird Conservation International 29, no. 2 (2019): 199-215.

Chapter 3 | Capítulo 3

Badman, T. and Bertzky, B. (2014). World Heritage Sites. In: Dudley, N., Boucher, J.L., Cuttelod, A., Brooks, T.M., and Langhammer, P.F. (Eds). 2014. Applications of Key Biodiversity Areas: End-user consultations. IUCN, Cambridge, UK and Gland, Switzerland: 19-21.

Bertzky, B., Shi, Y., Hughes, A., Engels, B., Ali, M.K. and Badman, T. (2013). Terrestrial Biodiversity and the World Heritage List: Identifying broad gaps and potential candidate sites for inclusion in the natural World Heritage network. IUCN, Gland, Switzerland and UNEP-WCMC, Cambridge, UK. xiv + 70pp.

BirdLife International (2001). Important Bird Areas and potential Ramsar Sites in Europe. BirdLife International, Wageningen, The Netherlands.

BirdLife International (2002). Important Bird Areas and potential Ramsar Sites in Africa. Cambridge, UK: BirdLife International.

BirdLife International (2005). Important Bird Areas and potential Ramsar Sites in Asia. Cambridge, UK: BirdLife International.

BirdLife International (2008). The impact of Important Bird Area directories. Presented as part of the BirdLife State of the world's birds website.

Available from: http://www.birdlife.org/datazone/sowb/casestudy/219 . Checked: 21/05/2017.

BirdLife International (2014). Important Bird and Biodiversity Areas: a global network for conserving nature and benefiting people. Cambridge, UK: BirdLife International.
Available at http://datazone.birdlife.org/sowb/sowbpubs#IBA.

Dudley, N., Boucher, J.L., Cuttelod, A., Brooks, T.M. and Langhammer, P.F. (eds.) (2014). Applications of Key Biodiversity Areas: end-user consultations. Cambridge, UK and Gland, Switzerland: IUCN.

Foster, M.N., Mittermeier, R.A., Badman, T., Besancon, C., Bomhard, B., Brooks, T.M., De Silva, N., Fishpool, L., Parr, M., Radford, E., Turner, W. (2010). Synergies between World Heritage sites and Key Biodiversity Areas. World Heritage No. 56.

Kormos, C.F., Badman, T., Mittermeier, R.A. and Bertzky, B. (eds.) (2015). Earth's Legacy: Natural World Heritage. Qualicum Beach, British Columbia: CEMEX & Earth in Focus, Inc.

Trathan, P.N. and Lascelles, B. (2014) 600 marine IBAs have been recognized and included within EBSA descriptions. Darwin Annual Report, available online at: www.darwininitiative.org.uk/documents/.../ DPLUS009%20AR1%20-%20Edited.pdf.

Chapter 4 | Capítulo 4

Brooks, T.M., Butchart, S.H.M., Cox, N.A., Heath, M., Hilton-Taylor, C., Hoffmann, M., Kingston, N., Rodríguez, J.P., Stuart, S.N. & Smart, J. (2015). Harnessing biodiversity and conservation knowledge products to track the Aichi Targets and Sustainable Development Goals. *Biodiversity*, 16, 157–174.

Butchart, S.H.M., Scharlemann, J.P.W., Evans, M.I., Quader, S., Aricò, S., Arinaitwe, J., Balman, M., Bennun, L.A., Bertzky, B., Besançon, C., Boucher, T.M., Brooks, T.M., Burfield, I.J., Burgess, N.D., Chan, S., Clay, R.P., Crosby, M.J., Davidson, N.C., De Silva, N., Devenish, C., Dutson, G.C.L., Fernández, D.F.D. z, Fishpool, L.D.C., Fitzgerald, C., Foster, M., Heath, M.F., Hockings, M., Hoffmann, M., Knox, D., Larsen, F.W., Lamoreux, J.F., Loucks, C., May, I., Millett, J., Molloy, D., Morling, P., Parr, M., Ricketts, T.H., Seddon, N., Skolnik, B., Stuart, S.N., Upgren, A. & Woodley, S. (2012). Protecting Important Sites for Biodiversity Contributes to Meeting Global Conservation Targets. *PLoS One*, 7, e32529.

Foster, M.N., Mittermeier, R.A., Badman, T., Besancon, C., Bomhard, B., Brooks, T.M., De Silva, N., Fishpool, L., Parr, M., Radford, E. & Turner, W. (2010). Synergies between World Heritage sites and Key Biodiversity Areas. *World Herit. Rev.*, 4–17.

IPBES. (2019). *Summary for policymakers of the global assessment report on biodiversity and ecosystem services of the Intergovernmental Science-Policy Platform on Biodiversity and Ecosystem Services.*

Lascelles, B.G., Langham, G.M., Ronconi, R.A. & Reid, J.B. (2012). From hotspots to site protection: Identifying Marine Protected Areas for seabirds around the globe. *Biol. Conserv.*, 156, 5–14.

UN-SDGs. (2019). United Nations Global Sustainable Development Goals Database [WWW Document].
URL https://unstats.un.org/sdgs/indicators/database/

United Nations. (2018). *Progress towards the Sustainable Development Goals.*

United Nations. (2019). *The Sustainable Development Goals Report 2019.*

Visconti, P., Butchart, S.H.M., Brooks, T.M., Langhammer, P.F., Marnewick, D., Vergara, S., Yanosky, A. & Watson, J.E.M. (2019). Protected area targets post-2020. *Science* 364: 239-241.

Waliczky, Z., Fishpool, L., Butchart, S.H.M., Thomas, D., Heath, M., Donald, P., Kowalska, A., Dias, M.P. & Allison, T. (2018). Important Bird and Biodiversity Areas (IBAs): the impact of IBAs on conservation policy, advocacy and action. *Bird Conserv. Int.*

Chapter 5 | Capítulo 5

IUCN (2016). A Global Standard for the Identification of Key Biodiversity Areas, Version 1.0. First edition. Gland, Switzerland: IUCN.

McCarthy, D. et al. (2012). Financial Costs of Meeting Global Biodiversity Conservation Targets: Current Spending and Unmet Needs. Science 338(6109): 946-949.

OECD (2015) Biodiversity-related Official Development Assistance 2015. Online report available at: https://www.oecd.org/dac/environment-development/Biodiversity-related-ODA.pdf.

Chapter 6 | Capítulo 6

Ricketts, T.H., Dinerstein, E., Boucher, T., Brooks, T.M., Butchart, S.H.M., Hoffmann, M., Lamoreux, J.F., Morrison, J., Parr, M., Pilgrim, J.D., Rodrigues, A.S.L., Sechrest, W., Wallace, G.E., Berlin, K., Bielby, J., Master, L.L., Moore, R., Naidoo, R., Ridgley, R., Schatz, G.E., Shire, G., Strand, H., Wettengel, W. and Wikramanayake, E. (2005) Pinpointing and preventing imminent extinctions. *Proceedings of the National Academy of Sciences of the U.S.A.* 102: 18497–18501.

Chapter 7 | Capítulo 7

IFC (2018). International Finance Corporation's Guidance Note 6: Biodiversity Conservation and Sustainable Management of Living Natural Resources.

Retrieved from: https://www.ifc.org/wps/wcm/connect/5e0f3c0c-0aa4-4290-a0f8-4490b61de245/GN6_English_June-27-2019.pdf?MOD=AJPERES&CVID=mKqG85z.

IRMA (Initiative for Responsible Mining Assurance) (2018), IRMA Standard for Responsible Mining IRMA-STD-001, Chapter 4.6 Biodiversity, Ecosystem Services and Protected Areas (June 2018). Retrieved from: https://responsiblemining.net/wp-content/uploads/2018/07/IRMA_STANDARD_v.1.0_FINAL_2018.pdf.

RSB (Roundtable on Sustainable Biomaterials) (2016). RSB Principles and Criteria (Version 3) (November 2016). Retrieved from: http://rsb.org/wp-content/uploads/2017/03/RSB-STD-01-001_Principles_and_Criteria.pdf.

The KBA Partnership (2018). Guidelines on Business and KBAs: Managing Risk to Biodiversity. Gland: IUCN. xii+12., 2018.

Chapter 8 | Capítulo 8

Alden Wily, L. (2011) *The tragedy of public lands: The fate of the commons under global commercial pressure*. Rome: ILC and CIRAD.

Austin, B.J., Robinson, C.J., Fitzsimons, J.A., Sandford, S., Ens, E.J., MacDonald, J.M., Hockings, M., Hinchley, D.G., McDonald, F.B., Corrigan, C., Kennett, R., Hunter-Xenie, H. and Garnett, S.T. (2018) Integrated measures of indigenous land and sea management effectiveness: Challenges and opportunities for improved conservation partnerships in Australia. *Conservation and Society* 16 (3): 372-384.

Borrini-Feyerabend, G., Lassen, B., Stevens, S., Martin, G., De la Pena, J.C., Raez Luna E. and Farvar, M.T. (2010, reprinted 2012) *Bio-cultural Diversity Conserved by Indigenous Peoples & Local Communities: Examples & Analysis*, IUCN/CEESP and CENESTA, Tehran.

Ens, E., Scott, M.L., Mangi Rangers, Y., Moritz, C. and Pirzl, R. (2016) Putting indigenous conservation policy into practice delivers biodiversity and cultural benefits. *Biodiversity and Conservation* 25 (14): 2889-2906.

Garnett, S.T., Burgess, N.D., Fa, J.E., Fernández-Llamazares, A., Molnár, Z., Robinson, C.J., Watson, J.E.M., Zander, K.K., Austin, B., Brondizio, E.S., Collier, N.F., Duncan, T., Ellis, E., Geyle, H., Jackson, M.V., Jonas, H., Malmer, P., Sivongxay, A. and Leiper, I. (2018) A spatial overview of the global importance of Indigenous lands for conservation. *Nature Sustainability 1*: 369-374.

Jonas, H.D., Lee, E., Jonas, H.C., Matallana-Tobon, C., Sander Wright, K., Nelson, F., and Enns, E. (2017) Will 'other effective area-based conservation measures' increase recognition and support for ICCAs? *PARKS* 23.2: 63-78.

KBA Partnership. (2018) *Guidelines on Business and KBAs: Managing risk to biodiversity*. IUCN, Gland.

Nepstad, D., Schwartzmann, S., Bamberger, B., Santilli, M., Ray, D., Schlesinger, P., Lefebvre, P., Alencar, A., Prinz, E., Fiske, G. and Rolla, A. (2006) Inhibition of Amazon deforestation and fire by parks and indigenous lands. *Conservation Biology* 20 (1): 65-73.

Rights and Resources Initiative (2015) *Who Owns the World's Land? A global baseline of formally recognized indigenous and community land rights*. Washington, DC: RRI.

The KBA Partnership (2018) Guidelines on Business and KBAs: Managing Risk to Biodiversity. Gland: IUCN. xii+12., 2018

Chapter 9 | Capítulo 9

Anderson BJ, Armsworth PR, Eigenbrod F, Thomas CD, Gillings S, Heinemeyer A, Roy DB, Gaston KJ. 2009. Spatial covariance between biodiversity and other ecosystem service priorities. Journal of Applied Ecology 46:888–896.

Chan KMA, Shaw MR, Cameron DR, Underwood EC, Daily GC. 2006. Conservation planning for ecosystem services. PLoS Biology 4:e379.

Egoh B, Reyers B, Rouget M, Bode M, Richardson DM. 2009. Spatial congruence between biodiversity and ecosystem services in South Africa. Biological Conservation 142:553–562.

Gardner CJ, Ferguson B, Rebara F, Ratsifandrihamanana AN. 2008. Integrating traditional values and management regimes into Madagascar's expanded protected area system: the case of Ankodida. Page in J.-M. Mallarach, editor. Protected Landscapes and Cultural and Spiritual Values. IUCN, GTZ and Obra Social de Caixa Catalunya, Kasparek Verlag, Heidelberg.

Hausmann A, Toivonen T, Fink C, Heikinheimo V, Tenkanen H, Butchart SHM, Brooks TM, Di Minin E. 2019. Assessing global popularity and threats to Important Bird and Biodiversity Areas using social media data. Science of The Total Environment. Available from http://www.sciencedirect.com/science/article/pii/S0048969719323095 (accessed May 23, 2019).

Larsen FW, Turner WR, Brooks TM. 2012. Conserving critical sites for biodiversity provides disproportionate benefits to people. PLoS ONE 7:e36971.

Mandle L et al., 2017. Assessing ecosystem service provision under climate change to support conservation and development planning in Myanmar. PLOS ONE 12:e0184951.

Naidoo R, Balmford A, Costanza R, Fisher B, Green RE, Lehner B, Malcolm TR, Ricketts TH. 2008. Global Mapping of Ecosystem Services and Conservation Priorities. Proceedings of the National Academy of Sciences 105:9495–9500.

Neugarten RA et al., 2016. Rapid Assessment of Ecosystem Service Co-Benefits of Biodiversity Priority Areas in Madagascar. PLOS ONE 11:e0168575.

Neugarten RA et al., 2018. Tools for measuring, modelling, and valuing ecosystem services: guidance for Key Biodiversity Areas, natural World Heritage sites, and protected areas. Page (Groves C, editor), 1st edition. IUCN, International Union for Conservation of Nature. Available from https://portals.iucn.org/library/node/47778 (accessed September 9, 2018).

Peh KSH, Balmford AP, Bradbury RB, Brown C, Butchart SHM, Hughes FMR, Stattersfield AJ, Thomas DHL, Walpole M, Birch JC. 2014. Toolkit for Ecosystem Service Site-Based Assessment. University of Cambridge, Anglia Ruskin University, BirdLife International, Tropical Biology Association, RSPB, UNEP-WCMC. Available from http://tessa.tools/ (accessed March 2, 2015).

Turner WR, Brandon K, Brooks TM, Gascon C, Gibbs HK, Lawrence KS, Mittermeier RA, Selig ER. 2012. Global biodiversity conservation and the alleviation of poverty. BioScience 62:85–92.

Chapter 10 | Capítulo 10

Auer, S. K. and King, D. I. (2014) Ecological and life-history traits explain recent boundary shifts in elevation and latitude of western North American songbirds. Glob. Ecol. Biogeogr. 23: 867–875.

Bagchi, R., Crosby, M., Huntley, B., Hole, D., Collingham, Y., Butchart, S. H.M. and Willis, S. G. (2013) Evaluating the effectiveness of conservation site networks under climate change: accounting for uncertainty. *Global Change Biol.* 19: 1236-1248.

Baker, D. J., Burgess, N. D., Butchart, S. H. M., Hartley, A. J., Willis, S. G. (2015) Assessing climate change impacts for vertebrate fauna across the West Africa protected area network using regionally appropriate climate projections. *Diversity Distributions* 21: 1101–1111.

Barros, V.R., Field, C.B., Dokke, D.J., Mastrandrea, M.D., Mach, K.J., Bilir, T.E., Chatterjee, M., Ebi, K.L., Estrada, Y.O., Genova, R.C. and Girma, B., (2014). Climate change 2014: impacts, adaptation, and vulnerability-Part B: regional aspects-Contribution of Working Group II to the Fifth Assessment Report of the Intergovernmental Panel on Climate Change.

BirdLife International and National Audubon Society (2015) The Messengers: what birds tell us about threats from climate change and solutions for nature and people. Cambridge, UK and New York, USA: BirdLife International and National Audubon Society.

BirdLife International and National Audubon Society (2017) Climate Action Plan for the Americas. Cambridge, UK and New York, USA: BirdLife International and National Audubon Society.

Hannah, L., Roehrdanz, P.R., Ikegami, M., Shepard, A.V., Shaw, M.R., Tabor, G., Zhi, L., Marquet, P.A. and Hijmans, R.J., (2013). Climate change, wine, and conservation. *Proceedings of the National Academy of Sciences*, 110(17): 6907-6912.

Hole, D. G., Huntley, B., Pain, D. J., Fishpool, L. D. C., Butchart, S. H. M., Collingham, Y. C., Rahbek, C. and Willis, S. G. (2009) Projected impacts of climate change on a continental-scale protected area network. *Ecol. Lett.* 12: 420-431.

Hole, D. G., Huntley, B., Collingham, Y. C., Fishpool, L. D. C., Pain, D. J., Butchart, S. H. M. and Willis, S. G. (2011) Towards a management framework for protected area networks in the face of climate change. *Conserv. Biol.* 25: 305–315.

IPBES (2019) *Summary for policymakers of the global assessment report on biodiversity and ecosystem services.* Intergovernmental Science-Policy Platform on Biodiversity and Ecosystem Services, Bonn, Germany.

Martin, T. G. and Watson, J. E. M. (2016) Intact ecosystems provide best defence against climate change. *Nature Climate Change* 6: 122–124.

Maxwell, S. L., Reside, A., Trezise, J., McAlpine, C. A. and Watson, J. E. M. (2019). Retention and restoration priorities for climate adaptation in a multi-use landscape. Global Ecol. Conserv. 18: e00649.

Maxwell, S. L., Venter, O., Jones, K. R. and Watson, J. E. M. (2015) Integrating human responses to climate change into conservation vulnerability assessments and adaptation planning. *Ann. New York Acad. Sci.* https://doi.org/10.1111/nyas.12952.

Pacifici, M. Foden, W. B., Visconti, P., Butchart, S. H. M., Kovacs, K. M., Hole, D. G., Corlett, R. T., Akçakaya, H. R., Bickford, D., Carr, J. A., Huntley, B., Martin, T. G., Pearson, R. G., Williams, S. E., Willis, S. G., Young, B., Watson, J. E. M. and Rondinini, C. (2015) Assessing species vulnerability to climate change: a review of alternative metrics and approaches. *Nature Climate Change* 5: 215-225.

Scheffers, B. R., De Meester, L., Bridge, T. C. L., Hoffmann, A. A., Pandolfi, J. M., Corlett, R. T., Butchart, S. H. M., Pearce-Kelly, P., Rondinini, C., Kovacs, K. M., Pacifici, M. Foden, W. B., Mora, C., Dudgeon, D., Bickford, D., Watson, J. E. M. (2016) The footprint of climate change from genes to biomes to people. *Science* 354: aaf7671. DOI: 10.1126/science.aaf7671

Segan, D. B., Hole, D. G., Donatti, C. I., Zganjar, C., Martin, S., Butchart, S. H. M. and Watson, J. E. M. (2015) Considering the impact of climate change on human communities significantly alters the outcome of species and site-based vulnerability assessments. *Diversity Distrib.* 21: 991–1003.

About the Authors ◆ Acerca de los Autores

Penny F. Langhammer, Ph.D., is Executive Vice President of Re:wild. Penny served as lead editor of A Global Standard for the Identification of Key Biodiversity Areas and now co-chairs the KBA Technical Working Group. Passionate about amphibian conservation, Penny also serves as Director of Key Biodiversity Areas for the Amphibian Survival Alliance. She is Adjunct Faculty in the School of Life Sciences at Arizona State University.

Russell A. Mittermeier, Ph.D., is Chief Conservation Officer of Re:wild. A longtime member of the IUCN SSC Steering Committee, he serves as Chair of SSC's Primate Specialist Group. An expert on primates, reptiles, and tropical forest biodiversity, Mittermeier has traveled to 170 countries, including many island nations, and carried out fieldwork in more than 30, with a strong focus on Brazil, the Guianas, and Madagascar.

Andrew Plumptre, Ph.D., is the Head of the Key Biodiversity Area Secretariat, helping implement the actions of the 13 KBA partners. He has over 30 years of experience in implementing conservation projects in East and Central Africa and has helped establish protected areas in KBAs as well as assessment of KBAs across several countries. He is working with the KBA partners to raise awareness about KBAs globally.

Penny F. Langhammer, Dra., es Vicepresidenta Ejecutiva de Re:wild. Penny fungió como editora en jefe de Un Estándar Global para la Identificación de Áreas Clave para la Biodiversidad, y actualmente es copresidenta del Grupo de Trabajo Técnico de las KBA. Ella es una apasionada de la conservación de anfibios, y es también directora de la Alianza para la Supervivencia de los Anfibios en las Áreas Clave para la Biodiversidad. Además es profesora adjunta en la Escuela de Ciencias de la Vida de la Universidad Estatal de Arizona.

Russell A. Mittermeier, Dr., funge como Jefe de Conservación de Re:wild. Es miembro veterano del Consejo Directivo de la Comisión de Supervivencia de Especies (CSE), y presidente del Grupo Especialista en Primates de la CSE. Es experto en primates, reptiles y en biodiversidad de los bosques tropicales. Mittermeier ha viajado a 170 países, incluyendo muchas naciones isleñas, y ha realizado trabajo de campo en más de 30 de ellos, enfocándose particularmente en Brasil, las Guayanas y Madagascar.

Andrew Plumptre, Dr., encabeza el Secretariado de las Áreas Clave para la Biodiversidad, ayudando a los 13 aliados de las KBA en la implementación de acciones. Tiene más de 30 años de experiencia en la implementación de proyectos conservacionistas en el Éste y el Centro de África, y ha ayudado a establecer áreas protegidas en las KBA en varios países, participando además en la evaluación de dichas áreas. Actualmente trabaja con los aliados KBA para crear conciencia sobre las Áreas Clave para la Biodiversidad a nivel mundial.

Zoltan Waliczky is currently the Coordinator of the global program of Important Bird and Biodiversity Areas (IBAs) at BirdLife International. He has been working in international conservation for more than 25 years, mostly on IBAs and protected areas but also on species, migratory birds, and forests. More recently, he has been actively involved in launching the KBA Partnership and Program and helped apply the KBA Standard around the world.

Wes Sechrest, Ph.D., is the founder, Chief Scientist, and CEO of Re:wild, leading the organization's efforts to protect threatened wildlife and ecosystems. He is on the Global Council of the Amphibian Survival Alliance, on the Board of Trustees of the Haiti National Trust, and Adjunct Faculty in the Department of Wildlife and Fisheries Sciences at Texas A&M University.

Zoltan Waliczky actualmente es coordinador del Programa Mundial de las Áreas Importantes para las Aves y la Biodiversidad (IBA) en Birdlife International. Ha trabajado por más de 25 años en el área de conservación internacional, en particular para las IBA y áreas protegidas, así como proyectos enfocados en las especies, aves migratorias y bosques. Recientemente ha participado activamente en el lanzamiento de la Alianza y el Programa KBA, y ha colaborado en la aplicación del Estándar KBA alrededor del mundo.

Wes Sechrest, Dr., es el fundador, Jefe Científico y Director de Re:wild, encabezando los esfuerzos de la organización para proteger la vida silvestre y los ecosistemas amenazados. Es miembro del Consejo Mundial de la Alianza para la Supervivencia de los Anfibios, y del Consejo de Administración del Haiti National Trust. Es profesor adjunto en el Departamento de Ciencias de la Vida Silvestre y Pesquerías de la Universidad Texas A&M.

Contributing Authors ◆ Autores Participantes

Grazia Borrini-Feyerabend, Ph.D., MPH
Member of the Council of Elders, ICCA Consortium
Le-Mont-Pèlerin, Switzerland

Charlotte Boyd, Ph.D.
Chair, KBA Standards and Appeals Committee
Seattle, Washington, USA

Thomas M. Brooks, Ph.D.
Chief Scientist, IUCN
Gland, Switzerland

Stuart H.M. Butchart, Ph.D.
Chief Scientist, BirdLife International
Cambridge, United Kingdom

Giulia Carbone
Deputy Director, Global Business & Biodiversity Programme, IUCN
Gland, Switzerland

Don R. Church, Ph.D.
President, Re:wild
Austin, Texas, USA

Hugo M. Costa
Mozambique Project Director, Wildlife Conservation Society
Maputo, Mozambique

Karl Didier
Director of Science and Monitoring, Rainforest Trust
Warrenton, Virginia, USA

Nigel Dudley
Vice Chair for Natural Solutions, IUCN World Commission
on Protected Areas
Equilibrium Research
Bristol, United Kingdom

Wendy Elliott
Deputy Leader Wildlife Practice, WWF International
Kigali, Rwanda

Wendy Foden, Ph.D.
Head, Cape Research Centre, South African National Parks
Cape Town, South Africa

Matthew N. Foster
Director of Conservation Priorities, Re:wild
Charlottesville, Virginia, USA

Healy Hamilton, Ph.D.
Chief Scientist, NatureServe
Arlington, Virginia, USA

◁ *Thinornis cucullatus*
Hooded plover | Tasman National Park, Tasmania ◆
Ostrero | Parque Nacional Tasman, Tasmania
ROB BLAKERS

Lee Hannah, Ph.D.
Senior Scientist, Climate Change Biology, Moore Center for Science,
Conservation International
Santa Barbara, California, USA

Dieter Hoffmann, Ph.D.
Head of Global Land Department,
Royal Society for the Protection of Birds
Sandy, United Kingdom

Holly Jonas, LLM
Global Coordinator, ICCA Consortium
Penampang, Sabah, Malaysia

Daniel Juhn
Vice President, Moore Center for Science,
Conservation International
Arlington, Virginia, USA

John Lamoreux, Ph.D.
Director of Fish and Wildlife Conservation,
National Fish and Wildlife Foundation
Washington, DC, USA

Olivier Langrand
Executive Director, Critical Ecosystem Partnership Fund
Arlington, Virginia, USA

Lisa A. Mandle, Ph.D.
Lead Scientist, Natural Capital Project,
Woods Institute for the Environment, Stanford University
Stanford, California, USA

Daniel Marnewick
Green List Regional Programme Officer, IUCN Eastern
and Southern Africa Regional Office
Johannesburg, South Africa

Golo Mauer, Ph.D.
Key Biodiversity Area Program Leader, BirdLife Australia
Cairns, Australia

Helen Meredith, Ph.D.
Chief Development Officer, Amphibian Survival Alliance
Falmouth, United Kingdom

Simon Nampindo
Country Director Uganda, Wildlife Conservation Society
Kampala, Uganda

Rachel A. Neugarten
Cornell University
Ithaca, New York, USA

Anne-Sophie Pellier
Senior Ecosystem Services Officer, BirdLife International
Cambridge, UK

Hugo Rainey, Ph.D.
COMBO Project Director, Wildlife Conservation Society
Cambridge, UK

Justina Ray, Ph.D.
President and Senior Scientist, Wildlife Conservation Society Canada
Toronto, Ontario, Canada

Eugenie Regan, Ph.D.
Vice President Research Solutions, Springer Nature
London, United Kingdom

Simon N. Stuart, Ph.D.
Executive Director, A Rocha International
Bath, United Kingdom

Jane Smart, Ph.D.
Global Director Biodiversity Conservation Group, IUCN
Gland, Switzerland

Andrew Snyder, Ph.D.
Science Program Officer, Re:wild
Washington, DC, USA

Konstantina Spiliopoulou
Hellenic Centre for Marine Research
Athens, Greece

Amy Sweeting
Editor, Sustainable Fisheries Partnership
Amherst, Massachusetts, USA

Andrew W. Tordoff
Managing Director, Critical Ecosystem Partnership Fund
Cambridge, United Kingdom

Amy Upgren
Director of Alliance for Zero Extinction and Key Biodiversity
Areas Programs, American Bird Conservancy
The Plains, Virginia, USA

Sheila Vergara, Ph.D.
Director, Biodiversity Information Management,
ASEAN Centre for Biodiversity
University of the Philippines Los Baños Campus
Laguna, Philippines

James E.M. Watson, Ph.D.
Professor, School of Earth and Environmental Sciences,
University of Queensland
Brisbane, Australia

Stephen Woodley, Ph.D.
Vice Chair for Science and Biodiversity,
IUCN World Commission on Protected Areas
Chelsea, Quebec, Canada

A. Alberto Yanosky
Co-chair, KBA Committee
Asunción, Paraguay

Mark Zimsky
Biodiversity Focal Area Coordinator,
Global Environment Facility (GEF)
Washington, DC, USA

COVER AUTHORS

Penny F. Langhammer, Ph.D.
Executive Vice President of Science and Strategy, Re:wild
Portland, Oregon, USA

Russell A. Mittermeier, Ph.D.
Chief Conservation Officer, Re:wild
Washington, DC, USA

Andrew Plumptre, Ph.D.
Head of the Key Biodiversity Area Secretariat
Cambridge, United Kingdom

Zoltan Waliczky
Global IBA Programme Coordinator, BirdLife International
Quito, Ecuador

Wes Sechrest, Ph.D.
Chief Scientist and CEO, Re:wild
Austin, Texas, USA

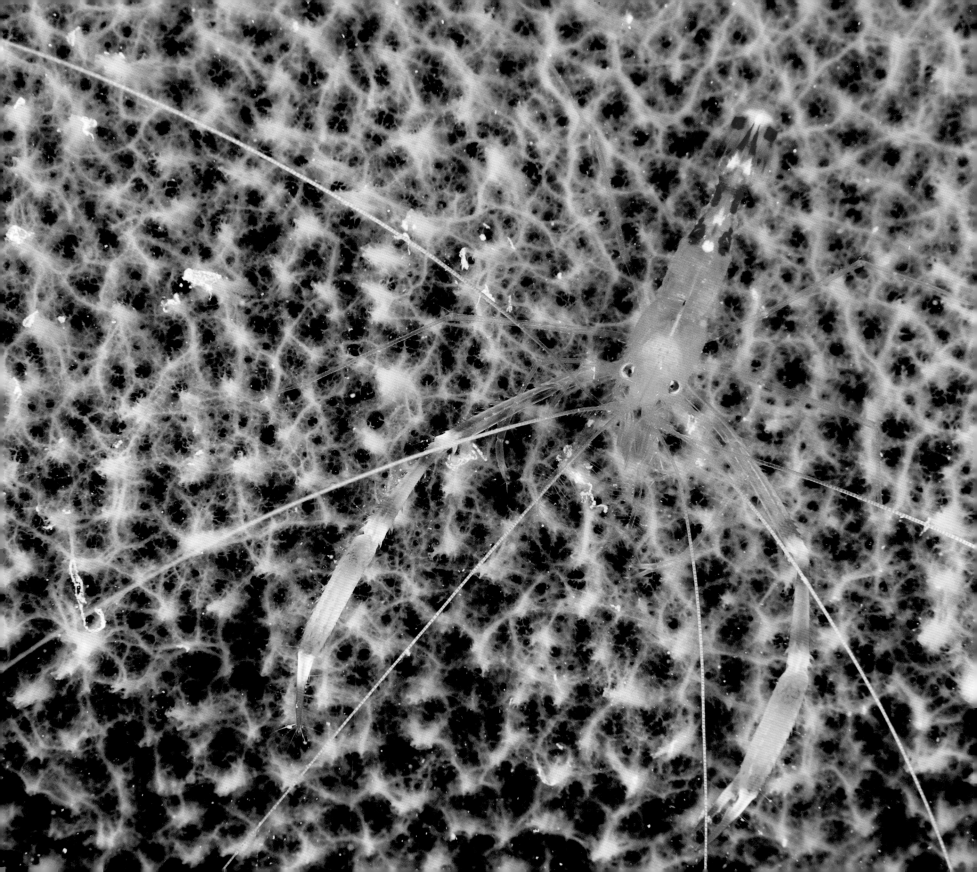